KB054152

재료 매매를 알면
30억이 보인다

재료 매매를 알면 30억이 보인다

이난희 지음

매일경제신문사

재료 매매를 알면 주식 투자에
성공할 수 있다

역사는 반복된다는 말은 주식 시장에도 들어맞는 말인 듯하다. 2020년 1월 한국에서 최초로 발생해서 지금까지 지속되고 있는 코로나19는 주식 시장에도 많은 변화를 가져왔다. 2022년 2월에는 우크라이나와 러시아가 뿌리 깊은 갈등으로 전쟁이 발발하면서 세계 시장의 판도를 많이 변화시켰다. 이에 따라 에너지 전쟁, 곡물가 상승, 금리 인상, 인플레이션 현상 등이 우리에게 아픔을 주고 있으며, 또한 연준(FED, 연방준비제도이사회)의 정책에 따라 주식 시장은 숨 가쁘게 달려가고 있다.

세계환경 또한 미·중 간의 갈등, 중국, 러시아, 중동지역의 도메인(Domain)과 미국, EU, 일본의 도메인이 새로운 축을 형성하면서 세계 시장은 과거 세계화(Globalization)의 질서가 붕괴되는 듯한 느낌이다. 각국은 어떻게 하면 어려움 속에서 살아남을 것인가, 매일매일 고민 속에 휩싸여 있다.

과거에는 저금리로 주택 시장도 호황을 누렸고, 이에 따라 개미 투자자들은 저금리 대출로 주식 시장에서 호기를 누렸다. 그러나 지금은 고금리에 따른 실망감도 가지고 있는 것 또한, 현실이다.

또한, 어떤 전문가는 2023년 하반기에는 경기침체가 불가피하며, 2023년 말까지 실업률이 높아질 것으로 보고 있다. FOMC의 금리 정책도 아직은 변수가 많을 것으로 내다보고 있다.

하지만 2023년 2월 5일 기준, 미국의 실업률은 둔화되고, 54년 만에 최고의 고용률을 나타내고 있는 것은 주식 인구에게는 호재가 될 것이다. 금리 또한 베이비 스텝 또는 인하 정책이 진행될 것으로 예상되어 경제에 청신호를 보내고 있는 듯하다.

2021년에는 '성장 주도형'으로 반도체, 2차전지, 친환경 소재, 전장 부품, 스마트팩토리, CMO 업종을 '턴어라운드형'으로 건설업, 증권업, 스마트폰 업종을 '회복형'으로는 백화점과 편의점을 중심으로 하는 유통업계와 의류산업, 음식료업종에 포커싱(Focusing)되었다.
2022년에는 동계 올림픽 등 산업 전반의 미국과 중국 간의 갈등, 러시아와 유럽 간의 갈등, 인플레이션의 리스크 등도 있었지만, 태양광, 원전, 2차전지, 조선, 방산 관련주 등에 관심이 집중되었던 시장이었다.

2023년 3월을 기준으로는 챗봇(대화형 인공지능), AI(인공지능(Artificial Intelligence), 에너지 관련주, 메타버스(3차원 가상세계) 관련주, 2차전지 관련주 및 생활에 필수적인 소비재 등의 관련주들을 눈여겨볼 만하다.

주식이란 경제 및 사회환경에 따라 주도주들이 시시각각 변화해 간다. 그리고 내가 항상 강조해왔듯이, "사람들은 미래 가치를 극대화할 수 있는 투자 방법은 어떤 것이 좋을까?"를 한 번쯤은 생각하게 된다.

재료 매매를 알면 돈이 보이는 시장의 원리를 이해하고 투자를 할 수 있다. 이 책이 여러분의 잃었던 자신감과 돈을 버는 귀한 자료가 되었으면 하는 바람이다.

끝으로 이 책이 나오기까지 노고를 아끼지 않은 한성주 대표님과 편집진들에게 고마움을 전한다.

해운대 작업실에서

이난희

차례

Chapter 01

재료 잡으러
마징가가 간다

"주식은 패션이다"라는 어록은 어쩌면 내가 처음 만든 말인 것 같다. 아무도 이런 말을 생각지도 못할 즈음에 주식 시장에서 패션처럼 시시각각 테마가 변한다는 의미로 이야기를 했다. 고정 관념에 사로잡혀 있는 투자자들에게는 생소하게 들렸을 말이었다.

주식 투자를 처음 하는 초보 투자자들은 매수가 얼마, 매도가 얼마, 손절가 얼마, 이런 식의 기본기만 알면 시장의 돈을 다 벌 수 있다는 착각을 한다. 거기다 기술적 흐름까지 파악했다면 시장의 돈은 모두 자신의 것이라고 생각하고 호기롭게 주식 시장에 뛰어들게 된다.

막상 시장에 들어와서 보면, 호기롭던 자신감은 온데간데없다. 수익이 뚝뚝 떨어지는 계좌를 보며 자신감을 잃게 되고, 자신이 주식과 관련해서 배운 기본기가 상식과 맞지 않는다는 사실을 깨닫는 데는 그리 오랜 시간이 걸리지 않는다.

그러나 그 깨달음에 대한 반복된 시행착오를 고치는 데는 정말로 많은 시간을 쏟아부어야 한다. 그래야 자신이 잘못되었다는 사실을 인정할 수가 있다. 그래서 나는 주식이 어렵다는 말을 계속하게 된다.

개인들의 투자 실력 차는 천차만별이다. 시장에서 기본적 분석과 기술적 분석을 배웠지만 10년, 20년이 되어도 깨닫지 못하는 이가 있는가 하면, 투자를 시작한 지 얼마 되지 않아 바로 깨닫고 잘못된 부분을 수정해서 곧바로 30억 원의 고지로 향하는 투자자도 있다. 이렇듯 주식 투자는 '어떻게(How)'라는 방법에 대해 얼마나 빨리 터득하느냐에 따라서 시간 단축은 물론이거니와 승패도 결정된다.

주식 투자는 어쩌면 너무 쉬운 재테크 중 하나다. 확률로 봐도 50%가 넘고, 이미 주식 시장의 비법이라고 말할 수 있는 '저점 매수, 고점 매도'의 투자를 정확하게 지키고 있다면 당신은 이미 고수다.

그런데 왜 주식 시장의 모든 답을 알고 있는데도 투자에 실패하는 것일까? 시장은 매일 2,000개가 넘는 종목들이 춤을 춘다. 하루에도 그날 시장 흐름에 따라 차이는 있으나 대략 700개 종목에서 1,000개 사이의 종목들이 늘 상승한다. 상승하는 종목을 따라 하면 수익이 날 수도 있다. 그런데 정작 하락하는 종목만 매매한다면 분명 무엇인가 문제점이 있다는 것을 알아야 한다.

혹자는 자신이 전생에 죄를 많이 지었나, 아니면 사주팔자가 안 좋아 주식 투자를 하면 안 되는 팔자인가, 그것도 아니면 신이 나를 버렸나, 하는 별의별 생각을 하게 된다. 이런 모습을 탓할 생각은 없다. 왜냐하면, 신이 아니고 인간이기에 어떤 현상에서 자신이 추구하는 것을 쉽게 이루지 못할 때는 누구나 이런 생각을 할 수 있기 때문이다. 신은 만약 인간이 "10개가 필요한데 10개를 다 주실래요?"라고 묻는다면 "천만의 말씀, 만 만에 콩떡"이라고 답할 수밖에 없다.

돈 많고, 건강하고, 명예도 있고, 자식이 똑똑해서 잘 되고, 부부가 아무 문제 없이 승승장구하고 누구나 부러워하는, 이른바 '금수저 인생'이 과연 몇이나 될까? 미국 대통령 조 바이든(Joe Biden)이 인생의 굴곡 없이 대통령이 됐을까? 아내 잃고, 자식 잃고, 슬픈 사연이 거기까지일까? 복잡한 인생의 굴곡을 헤치고 지금 부와 명예의 정점에 있지만, 가슴속 행복을 쉽게 말할 수 없을 것이다. 이것이 우리의 인생 아닐까?

나는 "시련은 있어도 실패는 없다"라고 말한 현대그룹의 창업주 정주영 회장을 가장 존경한다. 지금 그분은 어디에 계시는가. 또 삼성 그룹의 이건희 회장 역시도 아무리 돈이 많았어도 때가 되면 한 줌의 흙으로 돌아가지 않는가. 그래서 신은 항상 공평하다고 생각한다. 가난한 인생도, 부자도 우리 인생이 100년 안팎으로 유한하니 말이다.

다시 말하면, 나는 주식 투자를 하면서 누구를 탓하거나 원망하지 말고, 스스로 살아남을 수 있는 기술을 터득하는 것이 무엇보다도 중요하다고 본다. 사실 주식 시장의 실력이라는 것은 별것 없다. 주식은 학문이 아니기 때문에 경험을 많이 쌓아야 한다. 경험이라는 것은 학문보다더 어려울 수 있다. 학문은 체계화되어 있고 논리적인 원리에 의해 형성되었기에 파고들면 끝이 보일 수 있다. 하지만 주식은 양파껍질처럼까도 까도 속을 모르고, 파고 들어갈수록 더 난해한 부분들이 많다. 그때문에 누가 더 많이 주식 시장을 보고, 이해도를 높이는 경험이 승패를 좌우한다고 봐도 된다.

그래서 투자를 할 때, 죽어라 하고 안 될 때는 잘 되는 사람을 벤치마킹하자. 잘 나가는 고수의 전략을 따라 하다 보면 어느 날 당신도 '주식시장의 무림고수'가 되어 있을 것이다.

나는 1997년부터 주식 투자를 했다. 그때부터 지금까지 하루도 빠지지 않고, 대략 26년이라는 긴 시간을 주식 시장에 파묻혀 살았다. 1997년 서민들의 삶을 벼랑 끝으로 몰고 간 경제 위기인 IMF는 지금 생각해보면 그때가 절호의 찬스였다.

그 당시 시장의 대표 주식인 삼성전자가 대략 3만 원 정도였고, 2017년 50대 1로 액면 분할 할 때 대략 250만 원까지 상승했다. 1997년 삼성전자 3만 원에 1,000주 매수해서 3,000만 원을 20년 묻어 두었다면 2017년 250만 원 기준으로 1,000주가 25억 원이 되었을 것이다. 그 뒤에도 크고 작은 사건들이 있었지만, 그때만큼 놀랍지는 않았다.

그런데 2019년 코로나19의 등장으로 주식 투자자들에 대한 인식이 확 바뀌었다. 코로나19 전에는 주식 투자를 한다고 하면 그렇게 좋은 시선으로 봐주지 않았다. 이른바 방구석에서 노력하지 않고 노름이나 하는 노름꾼 취급을 당했다. 그러나 코로나19로 재택근무가 많아지고, 외출이 막혀 버리자 갑자기 너도나도 불나방처럼 주식 시장으로 뛰어들었다. 때마침 주식 초보자들에게 주식 시장은 미끼를 던져 주었다. 돈만 있으면 이른바 말하는 초보자들이 좋아하는 우량주들의 주가를 띄워 주면서 종합지수마저 정배열에 안정감 있는 모습을 보여주니, 시장에서 간단한 원리 하나만으로도 너무나 쉽게 돈을 벌게 되었다.

그러나 그 시간도 그리 길지 않았다. 코로나19의 충격으로 코스피, 코스닥 모두 나락으로 밀어버린 지수대가 너무나 비참했다. 종합지수 차트를 보면 더 생생하게 느껴질 것 같다.

코스피 종합지수 차트

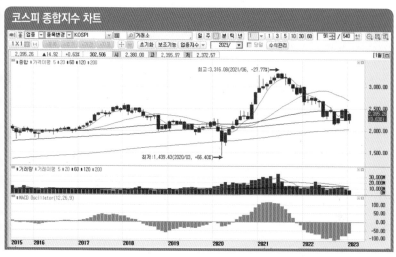

출처 : 미래에셋(이하 동일)

코스닥 차트

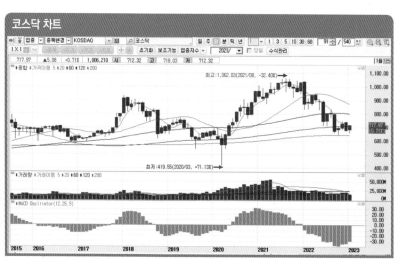

코스피는 1년 만에 1,400포인트에서 3,300포인트까지 코스닥도 400포인트에서 1,000포인트까지 쉬지 않고 올려놓았다. 경제 사이클은 언제나 그렇듯이 올라가면 내려온다. 이것은 변하지 않는 진리와 같다. 2020년부터 작은 불씨 하나가 온 들판을 불태우고 2021년 다시 불타올랐던 들판이 잿더미로 남았다.

마냥 올라가는 것이 주식이라고 배운 코로나19 시대 시장에 뛰어든 투자자들은 주식을 그대로 보유했다면, 대부분 반 토막 계좌로 전락했을 것이다. 심지어 고점 대비 70% 하락, 90%까지 하락한 종목도 있다. 대표적 종목이 제넥신인데 "이 종목을 보유한 투자자는 얼마나 상심이 클까?" 하는 생각이 들어 같이 주식 시장을 바라보는 입장에서 너무나 가슴이 쓰리다.

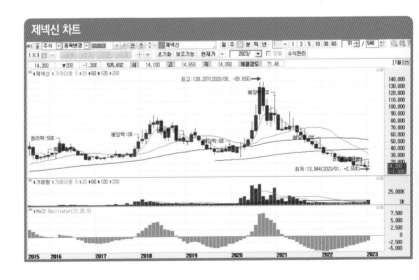

코로나19로 인해 그동안 시장에 돈을 너무 많이 풀었기에, 돈을 거두어들인다는 명목으로 내리친 미국의 금리 인상으로 우리 시장도 직격탄을 맞았다. 추풍낙엽처럼 떨어지는 주식을 보면서 개미들은 하나둘씩 시장을 떠나갔다. 돈을 잃은 개미들이 떠나자 시장은 생기 넘치는 환희의 봄으로 돌변하며, 내가 강조한 "주식은 패션이다"라는 말처럼 새로운 패션이 등장했다. 그 패션의 난이도는 상당히 높고 어려웠다. 주식 투자를 오래 한 고수도 생소한 부분인데 코로나19 시대에 진입해서 떠나지 않고 살아남은 주식 초보자들에게는 더할 수 없는 고통의 패턴이었다.

나는 그동안 세력들의 많은 농간을 봐왔기에 그 하나하나를 알려 드리고자 한다. 세력들도 사람인지라 사람의 머리에서 나올 수 있는 경우의 수는 그리 많아 보이지는 않는다. 그러다 보니 약간씩 변화된 술수를 이용하고 개인 투자자를 현혹해서 몰살시키는 전략을 구사하고 있다. 그러나 세력들의 의도를 파악하게 되면, 오히려 쉽게 수익 구조도 만들 수 있다.

2023년 주식 시장은 이제 힘들었던 시간의 긴 터널을 벗어나려고 한다. 그리고 시장의 진리는 영원한 하락도 없고, 영원한 상승도 없다는 것이다. 제로섬 게임에서 많이 먹는 사람이 승자라는 말이다.

주식 시장에서 수익을 내는 시간이 짧은 것은 이미 종합지수 차트를 통해 확인했다. 이번에 다시 찾아오는 코스닥 시장의 광풍을 맛보기 위해 반드시 그들의 메시지를 하나하나 체크해보도록 하자.

Chapter 02

재료는 거래대금과 모든 기술적 흐름에 우선한다

주식에 투자할 때는 흔히 장기로 해야 하나, 중기로 해야 하나, 아니면 단기 트레이딩을 해야 하나 고민하면서 어떤 원칙을 만들려고 할 것이다. 이 부분은 투자자들의 성향과 투자 금액에 따라서 다르다. 나는 여기서 적은 투자 금액으로 30억 원을 만드는 전략을 소개하려고 한다.

워런 버핏(Warren Buffett)은 "10년 동안 가지고 있지 않을 것이라면 주식을 사지 마라"라고 이야기했다. 나는 이것은 버핏에게 맞는 투자 방법이라고 생각한다. 자산이 70조 원, 80조 원이나 되는데 뭐가 그리 돈이 급하겠느냐는 말이다. 우리가 잘 아는 단타의 귀재 제시 리버모어(Jesse Livermore)는 추세 매매의 창시자다. 하루만에 단기 트레이딩을 통해 1조 원을 만든 신화를 가지고 있다. 버핏도, 리버모어도 처음부터 부자는 아니었고 가난 속에서 돈을 벌겠다는 꿈을 꾼 공통분모가 있다.

리버모어는 결국 불행으로 끝나는 삶을 마무리했고, 버핏은 아직 살아 있으니 버핏 같은 투자를 해야 한다고 하면 더는 할 말이 없다. 그렇지만 한정된 자금으로 리버모어 같은 매매를 하고, 돈을 벌고 난 이후 리버모어처럼 과한 욕심만 부리지 않는다면 나는 단연코 지금 시장에 맞는 단기적 흐름을 잘 타는 것이 빨리 30억 원 도전에 성공하는 것에 가깝다고 본다.

주식은 미래 가치에 투자한다고 하는데, 이 부분은 장기 투자에만 적용되는 것이 아니다. 미래 가치는 성장성과 실적 부분으로 자연스럽게 나누어지게 된다. 여기서 실적이라는 말은 단시간에 이루어지는 것이 아니다. 최소한 한 분기를 기다려야 한다. 그러나 실적과 성장성은 이 현령비현령(耳懸鈴鼻懸鈴)이 될 수 있다. 예를 들면 제약 바이오 종목들은 100년을 보고 투자해야 하고 적어도 10년을 봐야 한다. 하지만 단 한 건의 희망적인 기사로 주가를 쉽게 끌어 올릴 수 있다.

아직 준비 단계에 있지 않아도 이렇게 기사 하나를 만들어보자. 이 알약 하나만 먹으면 죽지 않는 임상을 하려고 진행 중이다. 이렇게 되면 실적도 성장성도 모두 갖추게 되는 너무나 희망적인 내용으로 둔갑

하게 된다, 실질적으로는 아무것도 이룬 것도 없고 단지 계획이라는 것이다. 그러나 상한가를 만들 수 있다.

실례로 사우디아라비아 왕세자이자 총리인 무함마드 빈 살만 알사우드(محمد بن سلمان آل سعود)가 2022년 한국을 다녀간 이후로 중동 이야기만 살짝 나와도 주가는 껑충 뛰는 현상은 다반사였다. '네옴시티프로젝트'의 영향이었다. 2022년 11월 5일 역시도 희망적인 한 줄 기사가 그와 관련된 종목은 상한가를 기록했다.

〈프라임경제〉에 '[특징주] 희림, 두바이 1경 원 규모, 천문학적 투자에 수주 이력 부각'이라는 제목으로 게재된 기사(박기훈 기자, 2023년 1월 5일)다. 기사의 내용을 보자.

'아랍에미리트(UAE) 두바이가 세계 3대 도시 도약을 목표로 10년 동안 우리나라 돈으로 약 1경 원 이상의 금액을 투자한다는 소식에 희림(037440)이 상승세를 나타내고 있다'라고 게재했다. 당일 희림은 코스닥 시장에서 전 거래일 대비 4.85% 상승한 8,670원에 거래되고 있다고 전했다.

두바이 경제 어젠다 'D33'을 추인했다고 공식 발표했으며 "향후 10년 동안 두바이 경제 규모를 두 배로 키우고 세계 3대 도시로 자리할 것"이라고 설명했다고 하며 'D33'의 내용을 자세하게 소개했다. 총 100개 프로젝트로 이뤄진 'D33' 규모는 32조 디르함(약 1경 1,075조 원)에 이르며, 희림이 과거에 두바이 마잔 주거 개발 프로젝트, 두바이 워터프론트 프로젝트 설계 용역 계약 등 두바이 관련 다수의 수주 이력을

보유하고 있어 수혜 기대감에 강한 매수세가 몰리는 것으로 풀이된다

는 것으로 기사를 마무리했다. 이렇게 희망적인 기사로 만들어진 상한

가는 일분봉을 보면 단 25분 만에 30%를 만든 흔적을 볼 수 있다.

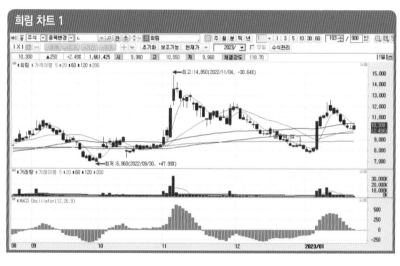

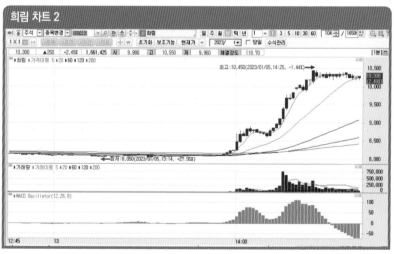

왜 시장이 요지경인 것일까? 구체적인 언급이 하나도 없는데도 불구하고, 주가를 띄웠고, 이런 시간을 단숨에 앞당겨 버렸다. 이것이 바로 재료 매매의 힘이다. 재료라는 것은 그 주가를 움직이는 세력들의 의지로 봐도 된다. 그 의지는 곧바로 단기간에 수익률을 50%에서 100% 이상으로 만드는 요술 방망이 같은 것이다.

주식 시장은 실적 같은 논리적 현상보다, 성장성의 비논리적 현상이 더 지배하고 있는 것이 사실이다. 지금 시장의 모습을 너무 부정적으로 해석하고 시장을 보게 되면 어쩌면 소외되는 매매를 하게 되는 우를 범할 수도 있다.

주식 시장을 이끄는 모멘텀(Momentum)이 테마인데, 테마는 대부분 재료와 함께 시작된다. 시장에서 테마를 따라가지 않고 있다면 창의성이 떨어지는 매매 스타일을 고집하고 있지 않나 하는 생각을 해봐야 한다.

그리고 재료 매매는 자식에게 투자하듯이 하면 안 된다. 요즘 가정마다 자식이 많지 않다 보니 부모들이 자식이 해달라는 부분을 흔쾌히 들어주는 예가 많다. 그것을 자녀들이 잘 알고 있기에 어릴 때 장난감이 사고 싶을 때는 밥을 먹지 않겠다고 떼를 쓴다. 그러면 당장 장난감을 사준다. 좀 더 자라 사춘기가 되었을 때는 자신이 바라는 것을 부모가 들어주지 않는다면 집 나간다고 부모의 마음을 흔들어놓는다. 그러면 부모는 돈 얼마나 필요하냐고 용돈을 더 준다. 하지만, 어느덧 20대가 되었을 때는 밥 안 먹고 집 나가고는 20대가 충분히 해결할 수 있는 부분이니 부모가 눈도 깜짝하지 않는다. 그럼 더 강도가 강해야 하니 더욱 극단적 표현으로 부모를 위협한다. 그러면 부모는 당황하고 놀라서 외제 차처럼 더 큰 것을 내주는 협상카드를 들고 나온다.

왜 이런 표현을 쓰냐 하면 여기서 자식은 세력이고, 개인 투자자를 부모로 보면 쉽게 이해가 될 것이기 때문이다. 세력은 개인 투자자의 호주머니에 든 돈을 뺏기 위해 갖은 수단과 방법을 쓴다. 특히나 재료 매매는 그들이 떼를 써서 개인 투자자가 투매를 하게 만든다. 그리고 요구 조건을 들어주는 척하면서 추격 매수를 하게 해 수렁 속으로 빠져들게 한다.

여기에 당하지 않으려면 배워야 할 것이 한두 개가 아니다. 수급의 결정은 '재료'와 그날의 움직이는 '거래대금'과 그렇게 만들어진 기술적 흐름인 '차트'로 이뤄진다. 이 세 가지 중 부등호를 만든다면 재료가 가장 큰 핵심이라는 것을 반드시 숙지하고 테마를 보는 기본기를 갖춰야 한다. 이 부등호 공식을 반드시 기억하기를 바란다.

재료 > 거래대금 > 차트

Chapter 03

재료도 빨리 핀 꽃이 빨리 진다

미래를 아는 자는 주식 시장에서 돈방석에 앉을 수 있다. 재무제표 분석과 기술적 분석 그리고 미래 성장성을 따지는 식으로 과도하게 분석을 하면 오히려 수급 종목을 이해하는 데 방해가 될 수 있다. 자칫 수렁에 빠질 수 있는 것이다.

식물도 씨앗마다 발아되는 시점이 다르다. 겨울에 심는 것이 있고, 여름에 심는 것이 있듯이 모든 기술적 흐름의 저점이 다 같을 수는 없다. 주식은 살아 있는 생물이고, 귀신도 모른다는 말이 있다. 그러니 어떤 분석이 딱 맞아떨어지겠는가.

누구나 다 아는 분석보다는 평강 공주의 분석을 배우라고 말하고 싶다. 바보 온달과 평강 공주 이야기를 모르는 사람은 없을 것이다. 그 당시 평강 공주는 아버지인 왕으로부터 늘 놀림을 받았다. 평강 공주는 평소에 잘 우는 울보여서 왕인 아버지가 자꾸 울면 바보 온달에게 시집 보낸다고 말했는데 정말로 평강 공주는 바보 온달에게 시집을 가기로 마음먹었다.

바보 온달은 거지와 다름없는 모습을 하고 다녔다. 옷은 남루하고, 머리는 감지 않고 산발했으며, 신발은 떨어진 짚신을 신었다. 한쪽 손에는 동냥하는 밥그릇을 들고 다녔다. 누가 봐도 거지지만, 평강 공주는 온달의 미래 가치를 높이 평가했다. 현재 가치에 투자하지 않고 미래 가치를 보고 결혼이라는 투자를 했다. 가치 투자를 한 대표적인 인물인 것이다.

온달의 그런 모습을 보고도 평강 공주는 온달의 어머니를 찾아가서 온달과 결혼하게 해달라고 사정했다. 온달의 어머니는 공주 같은 분은 절대 우리 며느리가 될 수 없다고 단호히 거절했지만, 평강 공주는 한 발도 물러서지 않고 마음과 뜻이 같다면 가난은 절대 문제되지 않는다고 말하며 결혼했다.

그 후 평강 공주는 온달을 고구려 최고의 장수로 만드는 후원자가 된다. 온달은 전쟁터에서 죽음을 맞이하고 시신으로 돌아왔다. 시신이 안

치된 관이 움직이지 않다가 평강 공주가 와서 관에 손을 얹으니 서서히 움직였다는 이야기도 전해 내려오고 있다.

테마가 형성되는 것은 재료가 나와야 한다. 그 재료의 크기가 어떤가에 따라서 파동 길이가 달라진다. 그런데 하락장에서 재료의 가치는 단발성으로 이루어지는 흔한 예가 많다. 재료도 정부 정책의 큰 카테고리 안에 들어가면 주도주로써 하락장에서도 제법 긴 파동 길이가 만들어지지만, 그렇지 않은 경우도 많다. 대부분 1박 2일 안에 끝이 난다. 하지만 한 박자 쉬었다가 테마가 순환하는 그런 시점이 오면, 다시 한 번 더 큰 파동을 진행시키는 경우가 있다.

여기서 중요한 점은, 같은 맥락의 종목들이 딱히 어느 특정 종목의 주도주가 없다는 것이다. 하루는 A라는 종목이 대장을 하고, 다음 날은 B라는 종목이 대장을 하는데, 이런 순환들은 연속성의 테마라기보다는 한 번 순환시키면서 수익 구조를 만들기 위한 작업이다.

예를 들어, 2022년 12월 글로벌 의약품 품귀 현상 발생 소식 등에 제약업체 국제약품, 화일약품, 경보제약, 경남제약, 서울제약, 영진약품 등이 대거 상한가로 급등했다. 모두 중국 감기약 싹쓸이라는 뉴스가 도배되고 항생제, 해열제 품귀 현상까지 붙으면서 '감기약 매출, 가파른 성장'이라는 키워드까지 달아주었다.

테마가 형성될 때 같은 업종들이 움직인다는 것은 나쁘지 않으나, 박자를 잘 맞추어야 한다. 대장이었다고 마냥 들고 있다가 갑자기 밀려나고 빨리 조정되기 때문에 그날의 수급을 읽는 연습 또한 필요하다.

다음 차트를 보면 어떻게 순환시켰느냐를 알 수 있다.

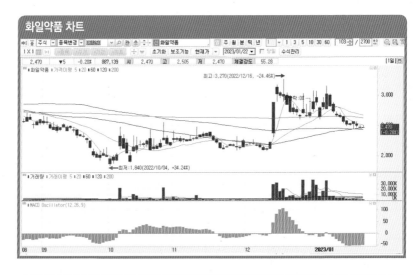

여기서 한 가지 알고 있어야 하는 부분이 있다. 한 번 상한가를 만든 종목은 또다시 대장 역할을 할 수 없다는 것이 요즘 시장의 트랜드라는 것이다. 먼저 화일약품이 상한가를 만들었으니 같은 재료에 경남제약이 상한가를 만든 2023년 1월 2일, 화일약품도 상승할 것이라고 베팅했다면 오히려 낭패를 볼 수가 있다. 화일약품은 그날 소폭 하락했다. 상한가는 모든 에너지를 분출하는 것이라고 보면 된다. 상한가를 가게 됐을 때 연속성이 없다면 그것은 팔기 위한 전략이라는 것을 명심해야 한다. 지금까지 주식 상황으로 봤을 때 상한가 의미는 그런 이유가 있다.

그러나 "주식은 패션"이기에 어떤 형태로든 상한가의 의미를 지금과 달리 바꿀 수도 있다. 상한가를 만든다는 것은 그들의 즉, 세력들의 매도하기 위한 전략이라는 것이 하나둘씩 드러나고 있다. 시장의 참여자들이 쉽게 따라가주고 있지 않으니 약간씩 패턴이 바뀌고 있는 것들도 있다. 한 번에 상한가를 만들기보다 20% 이상 급등시키고, 다음 날 한 번 더 긴 장대 양봉을 만들어준다. 그러면 오히려 전일 상한가를 만든 것보다 더 수급이 잘 형성되는 것을 갤럭시아머니트리를 통해 알 수 있다.

갤럭시아머니트리는 특징주라는 타이틀이 붙었다. 그 이유는 금융위원회가 증권형 토큰의 발행·유통을 허용한다는 소식에 장중 상한가를 기록하는 등, 대체불가능 토큰(NFT) 관련주들이 강세를 나타내고 있다.

2023년 1월 20일 오전 10시 30분 기준 유가증권 시장에서 갤럭시아에스엠의 주가는 전 거래일보다 29.85% 오른 2,610원에 거래되었다. 같은 시각 갤럭시아머니트리(17.39%), 서울옥션(10.00%) 등 모두 상승세를 기록했다. 금융위원회는 전날인 1월 19일 제6차 금융규제혁신회의에서 증권형 토큰의 발행과 유통 규율체계를 마련한다고 밝혔다. 이날 김주현 금융위원장은 "그간 우리 법제에서는 허용되지 않았던 증권형 토큰, 즉 토큰 증권의 발행을 허용하고 안전한 유통체계를 만들겠다"라고 말했다. NFT 관련주의 상승세는 금융위원회의 증권형 토큰 관련 규제개혁 소식의 영향을 받은 것으로 풀이된다.

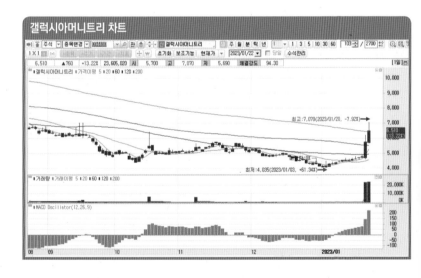

갤럭시아머니트리 호가 내역

064480 ▼ 🔍 관 💲 갤럭시아머니트리 중형주

현재가	6,510	▲ 760	+13.22%

거 래 량	23,605,020	거래대금(백만)	155,594
시 가	5,700	매 도 호 가	6,510
고 가	7,070	매 수 호 가	6,500
저 가	5,690	평 균 단 가	6,592
상 한 가	7,470	전 일 종 가	5,750
하 한 가	4,030	전일거래량	22,930,155

시간별 | 체결가별 | 5호가 | 거래원 | 일자별 | 차트 | 여

시간	현재가	전일대비	체결량
15:59:27	6,510 ▲	760	259
15:58:46	6,510 ▲	760	7
15:57:01	6,510 ▲	760	1
15:56:20	6,510 ▲	760	199
15:55:23	6,510 ▲	760	1
15:54:28	6,510 ▲	760	454
15:53:22	6,510 ▲	760	100
15:52:58	6,510 ▲	760	1
15:52:10	6,510 ▲	760	650
15:51:03	6,510 ▲	760	14
15:50:35	6,510 ▲	760	39
15:50:28	6,510 ▲	760	5
15:47:58	6,510 ▲	760	2,000
15:47:35	6,510 ▲	760	12
15:47:11	6,510 ▲	760	10

재료가 형성되면 당연히 거래대금이 붙게 되고 거래량이 분출하게 된다. 갤럭시아머니트리도 전일 2,290만 주거래량에 29% 급등 상한가까지 가지 않은 점이 다음 날 재차 상승할 것이라는 암시를 주고 있다. 그리고 다음 날 바로 전일과 비슷한 거래량 분출과 23% 급등세를 연출했다. 기술적으로 보면 좀 더 여진이 나올듯한 모습이다.

결국, 상한가는 빨리 피는 꽃이라서 지는 것도 빨리 질 수 있고, 상한가를 보내지 않으면 급등하는 종목들이 더 강한 추세를 주는 시장의 패션이 바뀌어 가고 있다는 사실도 하나의 포인트다.

아마도 지금 주식 시장은 상한가 제도를 없애기 위한 예행연습을 하고 있는지도 모르겠다. 경제 지표의 표본인 미국 시장은 상한가, 하한

가 제도가 없다. 우리도 6%부터 시작된 상한가 제도가 30%까지 왔다. 앞으로 상한가 제도를 30%에서 더 올린다면 40%, 50%가 가능하겠는 가를 생각해봐야 하고, 그보다 상한가, 하한가 제도가 없어지는 쪽에 무게를 두는 것이 현실적으로 더 가까운 시나리오가 되지 않을까 조심 스럽게 점쳐 본다.

그래서 요즘 세력들도 상한가에 그렇게 목숨을 걸지 않는지도 모르 겠다. 20% 급등에 더 무게를 싣는다. 그리고 5일선 정배열 모습으로 끌고 가며 방향을 바꾼다. 이런 것을 보면 그들도 예행연습을 하고 있 지 않나 싶다.

그들이 반드시 상한가만으로 개인 투자자에게 물량을 넘기지 않고, 추세를 타면서도 얼마든지 물량 넘기기가 가능한지를 미리 학습하는 것처럼 보인다.

Chapter 04

손절은 재료 매매에 있어 필수 조건

"주식은 타이밍이다"라는 말은 주식 투자를 한 번쯤 해본 사람은 피부로 느낄 수 있는 말이다. 그래서 주식은 열 번 잘못하다가도 단 한 번의 기회 포착으로 대박이 되는 때도 있고, 그와 반대로 열 번 잘하다가도 단 한 번의 잘못으로 쪽박을 차는 경우도 허다하다.

《삼국지》에 나오는 유비는 관우를 무척 좋아했다. 그런 관우가 오나라 싸움에서 전사한다. 그 소식을 들은 유비는 감정에 치우쳐 모든 군사를 이끌고 미친 듯이 달려가서 결국 장렬하게 전사하게 된다.

주식도 전쟁에 많이 비유하는데 주식이나 전쟁도 제로섬 게임이다. 내가 살기 위해서는 상대를 죽여야 한다. 감정싸움에 휘말려버리면 불

Chapter 04 • 손절은 재료 매매에 있어 필수 조건 **33**

행한 결과를 초래한다.

　시장에서 이런 감정에 휩쓸리게 되는 경우가 손절이다. 항상 이야기하지만, 돈을 잃고 기분이 좋은 투자자는 단 한 명도 없을 것이다. 손절은 시장에서 늘 목숨처럼 지니고 있어야 하는 현금 관리 운영 방법이다. 현금 관리가 잘되지 않았을 경우, 지금 같은 시장에서 손절 후 복수하려고 한 전략에 오히려 복수를 당하기가 쉽다.

　가령 재료가 터지고 신고가 돌파 매매가 나오면 보유한 종목을 급하게 손절하고 따라붙는다. 신고가 돌파 후 다시 주저앉게 되고 자신이 손절한 종목이 급등해버리면 순간 미쳐 버린다. 이런 상황에서 미치지 않을 투자자가 과연 얼마나 있을까? 이런 식의 역매매를 몇 번만 하게 되면 계좌는 이미 깡통이 되어 있을 것이다.

　손절은 그 기준을 잡아야 한다. 자신의 매수가와 기술적 흐름의 지표 등 여러 가지가 병행한 흐름에서 행해져야 하는데, 예를 들어 지금 신풍제약의 차트를 보면서 이야기해보자.

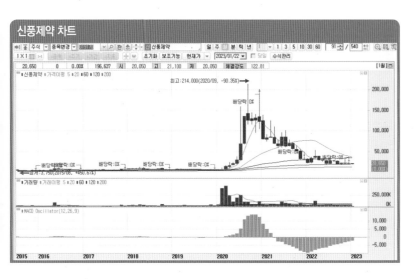

　　신풍제약의 2023년 1월 기준으로 월봉을 보면 214,000원 고점에서 20,650원까지 90% 하락하고 있다. 이 부분에서 매수가격이 10만 원이든, 5만 원이든 손절은 의미가 없다. 이미 손절할 수 있는 범위를 벗어나 버린 종목이다. 보통 일봉을 보고 손절을 잡는데 이는 잘못된 손절 방법이다. 하지만, 일봉을 보고 잡는 경우도 때에 따라서 손실 폭이 크더라도 해야 하는 경우도 있다. 예를 들어 일동제약의 경우를 보면 신풍제약과 다른 위치에서 매매할 수 있는 구간이다.

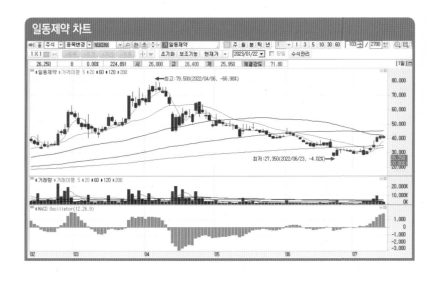

일동제약 차트

일동제약은 시오노기사 승인 관련 재료로 13,000원부터 79,000원까지 상승했다. 그 후 재료의 가치가 희석되면서 고점 대비 40% 급락시킨 후 다시 44,750원에서 65,000원까지 되반등으로 46%가 올랐다. 만약 더 갈 거라는 판단에 최고점에 매수했다면, 16% 정도 손실이어도 손절이 바람직하다. 그 이후 되반등이 나와도 5만 원을 돌파하지 못했고, 2023년 1월 기준 26,000원대 머무르고 있는 것을 보면, 일동제약은 일봉 손절이 그나마 잘한 것이라고 말할 수 있다.

여기서 내가 말하는 손절은 일봉 손절이 아니다. 재료 매매는 오랜 시간을 두고 매매하는 방법이 아니기 때문이다. 재료가 나오는 그 순간부터는 모든 매매의 기준을 일봉을 보면서 매수, 매도 포지션을 일분봉에 집중해야 한다.

단기 트레이딩을 하는 투자자는 일봉과 일분봉에 대해서 여러 경우의 수들을 찾아야 한다. 코로나19 이후 시장의 큰 변화는 재료를 노출시키면서 일분봉 일분에 10% 이상 급등시키는 형태가 많아졌다. 그 이후의 흐름은 재료 가치에 따라서 바로 상한가까지 가는 경우가 흔치 않게 나오고 있다. 일분봉 매매의 손절은 어떻게 잡아야 하는지 살펴보도록 하자.

제이씨현시스템은 북한의 무인기가 서울에 나타나면서 코콤과 함께 드론 관련주로 재료를 나타냈다.

'[특징주] 제이씨현시스템, 尹 대통령 연내 소형드론 대량 생산 지시에 주가↑'라는 제목의 〈머니S〉 기사(송은정 기자, 2023년 1월 4일)를 살펴보자.

제이씨현시스템 주가가 강세를 보이고 있고, 4일 오후 1시 16분 기준 제이씨현시스템은 1,275원(26.10%) 상승한 6,160원에 거래 중이라고 전했다. 국토교통부가 완전자율주행과 도심항공교통(UAM) 구현을 위한 실증환경 조성에 나선다는 소식 때문에 주가에 영향을 받는 것으로 풀이된다고 설명하고 있다.

제이씨현시스템은 컴퓨터 및 컴퓨터 관련 제품, 카 인포테인먼트 제품, 보안 및 네트워크 장비 판매업, 인터넷 서비스 부문을 영위하고 있기 때문에 투자자가 몰렸다는 것이다.

재료 매매는 대부분 특징주로 시장에 부각시킨다는 점을 알고 있어야 한다. 이미 나온 재료에 조금 더 살을 붙여 나와도 세력의 의지가 강할 때는 마이너스 2%에서 단숨에 29.99% 상한가 근처까지 가는 엄청난 시세를 보여준다.

시장에서 드론이라는 테마가 형성된 지 얼마 되지 않았다면, 테마의 그룹이 잘 만들어져 있는지 살펴보자. 그러면 그날의 일분봉 파동 길이가 길게 나올 확률이 높다. 특히 시간대가 오전 11시 전후일 때는, 오후 2시 이후 진행되는 파동 길이보다 그날 일분봉으로 단기 고점을 만든다. 그리고 고가 놀이의 지지라인이 길기 때문에 고점을 확인하고 매도 키를 눌러도 늦지 않다.

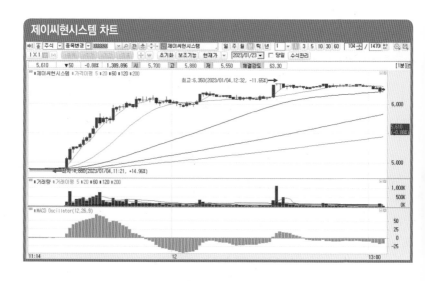

다음은 〈이데일리TV〉의 기사를 보자. '[특징주] 대륙제관, 부탄가스 파열방지 의무화 시행…폭발방지 특허 20건 보유 부각 강세'라는 제목이다(이지은 기자, 2023년 1월 18일).

대륙제관이 강세를 나타내고 있으며, 올해부터 국내 판매용 부탄 캔에 파열방지기능을 갖추도록 의무화한 사항이 시행되면서 폭발방지 특허 20건을 보유하고 있는 대륙제관에 관심이 집중된 것으로 풀이된다는 것이다.

기사 게재 당일인 1월 18일 오후 2시 35분 대륙제관은 전일 대비 3.10% 오른 4,650원에 거래 중이었다고 전했다. 그날 산업통상자원부는 부탄 캔의 파열 방지 기능을 의무화하는 내용의 고압가스 안전관리법 시행규칙을 1월 1일부터 시행하고 있다고 밝혔다고 한다. 부탄 캔은 내수용으로 약 2억 1,000개가 생산되며, 그동안 연소 도중 과열되면서 파열되는 사고가 지속됐다고 했다.

대륙제관은 지난 2009년 독자적으로 개발한 폭발방지 특허기술 CRV가 적용된 제품을 출시했고, 생산 중인 전체 부탄가스의 수출 비중이 70% 이상이며, 전 세계 70여 개국에 수출되고 있다고 설명했다.

자체 기술로 폭발방지 특허를 20건 보유하고 있는 대륙제관이 시장점유율을 확대하는 데 유리해질 것이라는 관측이 나오면서 투자자들의 관심이 쏠린 것으로 보인다는 것이 기사의 주요 내용이다.

그러나 똑같이 특정주 기사가 나와도 시간 때마다 투자 방법이 다르다. 오후 1시 이후에는 오전에 기사를 보도되었을 때와 파동 길이와 지지라인이 확연히 차이가 난다는 것을 알 수 있다.

다음 대륙제관의 일분봉 차트를 보자. 기사를 내고 일분에 14% 급등 후 일분에 10% 급락시키는 이런 형태는 지금 시장에서 흔히 나오는 패턴이다. 그러므로 단기 트레이딩을 하는 투자자는 이런 개별주의 공시 이후 흐름에 주의해야 한다.

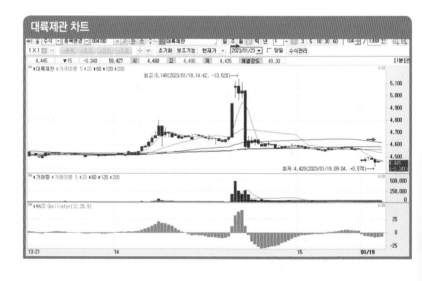

Chapter 05

재료도 주인을 잘 만나면 대박이 된다

기업이 새로운 사업을 추진하거나 자금 흐름이 원활하지 않을 때 보통 주주를 상대로 유상증자를 한다. 유상증자도, 삼자 배정 유상증자는 주식 시장에서 삼자 배정 대상자에 따라 호재로 발생할 수 있다. 그 한 예로 레인보우로보틱스에 삼성이 600억 원 제삼자 배정 유상증자에 참여하면서 주가가 연일 상승세를 지속했다. 그러나 주주를 상대로 유상증자를 실시하게 되면 대부분 주가에 악영향을 미치게 된다.

무상증자는 말 그대로 무상으로 주식 보유 지분에 대해 공짜로 비율을 따져 주는 것이다. 그 때문에 두말할 필요 없이 호재로 여겨져 최소한 30% 정도는 상승하는 흐름을 보여준다. 무상증자하는 종목의 특징은 상장된 주식 수가 500만 주에서 1,000만 주 미만인 경우가 많고, 주식 수가 많아도 유보율이 높은 기업이 그 대상이 되는 경우가 해당 사항이 된다.

무상증자도 매력적인 재료가 될 수 있다. 무상증자의 특징이 상장한 지 얼마 안 되는 신규 종목들이 테마를 이루며, 시장에서 엄청난 폭발력을 발휘한 적이 있다. 보통 무상증자를 하면 한 주를 보유하고 있으면, 한 주만 줘도 100%의 무상증자라 상당한 효력을 일으키기에 대부분 무상증자는 1 : 0.5, 1 : 0.8 정도였다. 그런데 2022년 5월 1 : 8이라는 엄청난 비율의 무상증자를 한 기업이 있었다. 다시 말해서 100%도 아닌 800%라는 무상증자는 내가 26년 동안 주식 시장을 봐왔지만, 단 한 번의 기록도 없는, 주식 시장에서 최초라고 보면 된다.

노터스라는 기업은 상장한 지 2년 만에 1 : 8이라는 재료로 급등시켰다. 처음에는 주식 참여자들이 너무 생소하게 들려서 그런지 단숨에 상한가를 가야 하는데, 무상증자 재료가 나오고 29.99%까지 가고 상한가 문을 닫지는 못했다. 그러나 꾸준한 상승과 권리락 이후의 흐름은 상상 초월이었다.

노터스는 무상증자 권리락 이후 상한가 7방을 갔다. 사실 무상증자를 하게 되면 주식 수가 늘어나 시가 총액이 늘어나는 것 외에 특별한

것이 없다. 매출이 늘어나 기업의 가치가 높아지는 것이 아닌데, 주식
시장에서 세력들의 강한 힘을 만나게 되면 주가는 단시간에 대박이 되
는 것을 볼 수 있다.

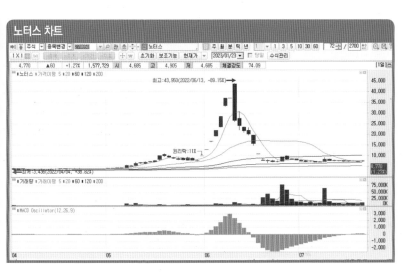

무상증자 재료와 관련된 테마는 노터스를 필두로 1 : 8 비율보다 낮
은 1 : 5 무상증자 공구우먼도 역시 권리락 이후 상한가 5방을 갔다.

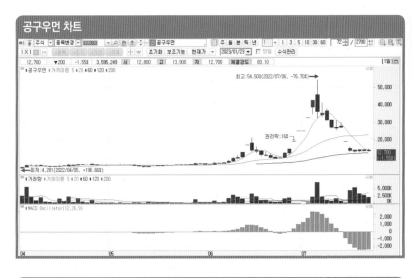

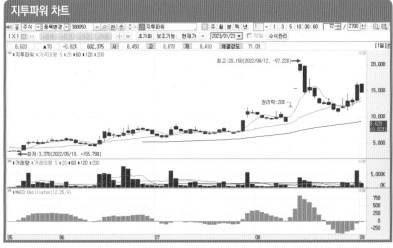

　　그다음 지투파워도 1 : 4 비율로 상한가 3방을 갔다. 주식 시장에서 테마는 유사하게 움직이는 성향이 있다. 그런데 무상증자 테마들은 유사하다기보다 거의 흡사할 정도로 권리락 이후 움직인 형태가 똑같이 나왔다. 이 역시도 내가 본 주식 시장에서 처음 본 상황이었다. 역사는 반복되는 것처럼 주식 시장 역시도 시간이 지나면 또 다시 이런 방법을 구사할 수 있으니 참고해두면 좋다.

앞에서 제삼자 배정 유상증자도 단 한 번에 30% 상한가를 갈 수도 있다고 했는데, 제삼자 배정 유상증자 재료로 상한가 8방을 간 종목도 있다. 현대사료에서 사명을 변경한 카나리아바이오다. 다음 차트를 보고 자신이 그런 기회가 올 수 있다는 생각으로 감상해보기 바란다. 언젠가는 훌륭한 주인을 만나 상한가 10방을 희망하면서 말이다.

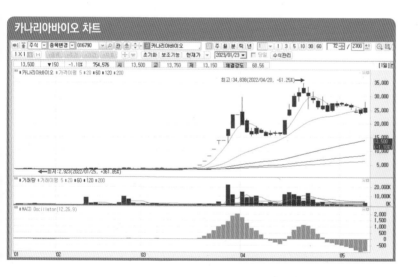
카나리아바이오 차트

언제인가 나의 유료 방송을 듣던 회원이 주식을 10년 넘게 했는데 단 한 번도 상한가를 잡아본 적이 없었다는 말을 했다. 주식 시장이 열리면 매일 상한가가 만들어지는데도 상한가의 문턱이 그만큼 높다는 것이다. 그런데 재료가 강하고 테마가 잘 형성되면 줄줄이 사탕처럼 연속 상한가의 맛을 보게 된다.

주식 시장에서 주가를 관리하는 세력, 즉 자금 여력이 강한 세력을 만난다면 인생 역전의 길은 그리 멀지 않다고 본다.

Chapter 06

일회용 재료는
주식 시장에서 양념이다

주식 시장은 어느 정도의 규칙이 있다. 종합지수가 정배열에서 상승할 때 지수가 한없이 조정 없이 올라가지 않는다.

하락장에서는 전체적으로 하락하기 때문에 하락 시 반등을 준다고 해서 양념 같은 주가의 흐름을 만들 테마 종목들이 나타나지 않는다. 하지만 지수가 하락을 멈추고 반등을 시도하면서 지수를 상승시키려고 하는 과정에서는, 지수대가 안정된 방향까지는 주가가 오르락내리락하면서 추세선을 만든다. 그때 주식 시장에서는 양념 같은 종목이 나타나게 된다.

이 부분도 그때마다 다르지만, 지금까지 보면 양지사라는 종목이 시장에서 양념 역할을 하고 있다. 2023년은 코스닥 시장의 광풍이 불어

올 거라고 자신 있게 말하는 것도 오랫동안 주식 시장을 봐온 나의 경험치라고 생각해주면 좋겠다.

양지사는 종합지수가 하락할 때 보란 듯이 상승한 모습을 보여준다. 다음 양지사 월봉 차트와 코스닥 종합지수와 비교하면 쉽게 이해가 된다.

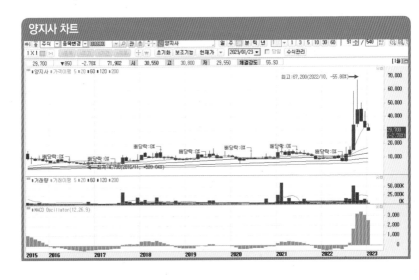

양지사의 월봉 차트를 보면 2022년 7월 6,700원 저점을 만들면서, 2022년 10월 최고점 67,000원 900% 상승 후 하락을 준비하고 있다. 그리고 코스닥 종합지수 저점이 2022년 7월 650포인트를 찍고, 2022년 10월 700포인트를 넘긴 후 터닝 준비를 하고 있다. 우연의 일치가 아니고 시장에서 돌아가는 섭리로 봐도 지나치지 않다.

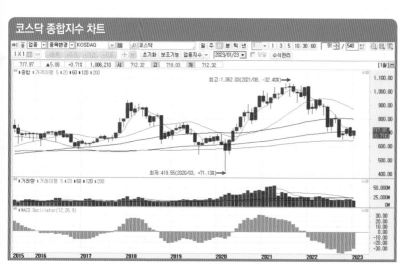

겨울에는 스님들이 선방에 많이 들어간다고 한다. 그때 선방에 들어온 스님에게 큰 스님들이 화두를 많이 던지는데 그 화두는 애매한 부분들이 많다. 오래전 영화 제목에 〈달마가 동쪽으로 간 까닭은〉이라는 화두가 있었다. 여기의 정답은 허망함을 깨닫고, 허망한 생각을 버리고 지혜를 가지라는 뜻이다. 그런데 나 역시도 중생인지라 달마가 왜 동쪽으로 갔는지만 골몰했다.

시장에서도 늘 양념 같은 존재가 화두를 던져 주고 있다. 양지사가 갈 때는 왜 가는지 양지사가 고점을 찍고 내려올 때는 왜 내려오는 것인지, 삼성전자가 움직일 때는 왜 움직이는지, 외국인과 기관이 주식을 계속 사들일 때는 왜 그런지 자신에게 이런 화두를 던지면서 곰곰이 생각해 보는 시간도 필요하다.

시장은 절대 예고편이 없다. 시장이 상승할 때는 소리 없이 움직인다. 그리고 어느덧 주가가 꼭지에 다 다르게 되면, 너도나도 올라간 종목에 대해서 장밋빛 그림을 그린다. 당장 사지 않으면 안 될 것같이 선동질을 하기 때문에 선방에서 깨우친 스님처럼 되지 않으면, 반드시 똑같은 실수 즉 고점에서 매수하는 우를 범하게 된다.

주식은 심리전이다. 예측 불가능한 요소가 크게 작용하는 심리전에서 패하는 경우는 대부분 적절함을 갖추지 못해서다. 적절함이라는 것은 그 상황에 따라서 다르다. 예를 들면 아무리 좋은 약도 많이 먹으면 부작용이 생기고, 독약도 적당히 사용하면 이득을 볼 수가 있다. 이렇듯 시장에서 적절한 강약 조절이 무엇보다 중요하다. 강약 조절을 터득하기 위해서는 시장에서 열심히 배워야 한다는 것을 강조하고 싶다. 세상에는 공짜로 얻어지는 것은 하나도 없다는 것을 기억하자.

주식을 처음 접하는 개인 투자자들은 투자를 너무 쉽게 생각하는 문제점이 있다. 앞서 이야기한 것처럼 주식은 심리전이다. 상대의 심리를 파악하는 것. 즉, 정신세계인데 정신이라는 부분은 추상적이라 어떻게 단정 지을 수 없기 때문에 어려운 부분이다. 그래서 무엇 하나도 놓쳐서는 안 되는 곳이 주식 시장이고, 또한 열심히 하면 반드시 승부를 볼 수 있는 곳이 여기이기도 하다.

만약, 편하게 돈을 벌려고 하면 주식을 그만두고 그 돈을 차라리 좋은 곳에 기부하라고 말하고 싶다. 준비되지 않은 투자자는 반드시 원금뿐 아니라 그 이상의 돈을 잃게 되기 때문이다.

Chapter 07

강한 재료는 쉽게
죽지 않는다

재료가 강하다는 것은 세력들이 한 종목만으로 끝나지 않는다는 것을 알고 있어야 한다. 2차전지의 핵심 리튬 관련 테마가 시작되었을 때 금양이 먼저 치고 나왔다. 그러면서 미래나노텍, 하이드로리튬, 어반리튬 등이 2차전지의 흐름에서 대세를 이룬 종목들이다. 나는 지금 2차전지를 이야기하려고 하는 것이 아니기 때문에, 강하다는 의미로 2차전지 예를 들었다.

이와 같은 2차전지 관련 종목들은 코스닥 시장의 종합지수가 좋지 않을 때, 주도주로 치고 나갔던 종목들이다. 그 종목들이 더 강해지기 위해서 금양이 4,000원에서 1만 원까지 가면, 가격에 대한 부담감이

깊어져 매수세가 달라붙지 않을 때는, 다음 타자의 종목이 같이 따라 붙게 된다. 그 종목이 미래나노텍인데, 이 원리는 대장주에게 힘을 실어주는 것이다.

미래나노텍이 치고 나오면 금양은 더 치고 나갈 수 있는 원리다. 결국, 금양은 주가 1만 원에서 2만 원까지 보내고, 그 이후 4만 원까지도 상승했다.

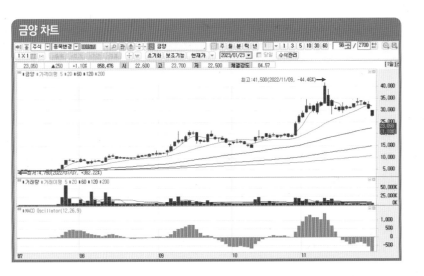

2023년은 1월부터 레인보우로보틱스의 제삼자 배정 유상증자 대상이 삼성이 되면서 로봇 관련주들이 2차전지가 움직인 것처럼, 레인보우로보틱스라는 재료가 나왔다. 레인보우로보틱스 시초가 35,000원 하던 주가가 68,000원까지 상승하고 나니 가격에 대한 부담으로 로봇 관련주 중에서 로보스타가 등장했다. 로보스타의 상승은 재료 없이 부

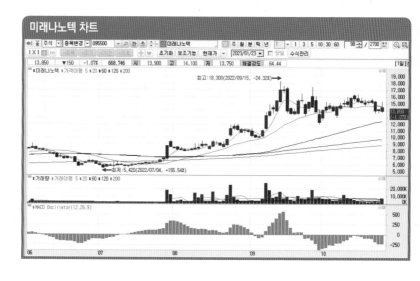

미래나노텍 차트

각이 됐고, 상한가를 가기에는 힘겨워 보였다. 하지만 거래대금과 거래량이 분출했다. 보통 이런 패턴의 종목은 상승 당일 수익 구조를 만들지 못했다 하더라도, 한두 박자를 잘 체크하다 보면 단기에 큰 수익 구조를 형성하는 구간이 발생한다.

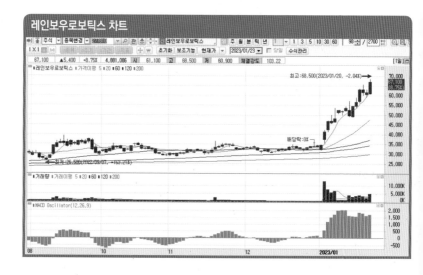

레인보우로보틱스 차트

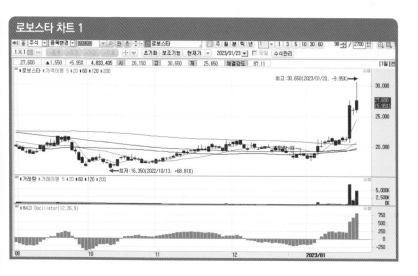

로보스타의 화살표 방향에서 보이는 긴 장대 양봉이 그날 많은 거래 대금이 터졌다는 것은 여전히 나올 수 있는 경우의 수가 많다. 다음 날 거래량을 죽이고, 숨죽이고 있다가 그다음 날 움직인 형태를 일분봉에서 잘 나타나 있다. 이런 형태의 유사한 흐름이 또 나오면 패턴을 익혀 두고, 투자에 활용하는 것도 좋을 것이다.

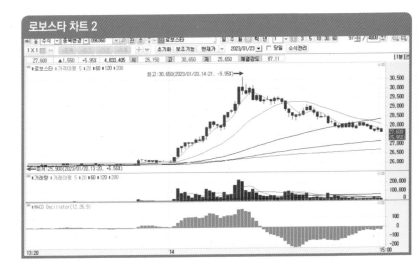

　　앞의 로보스타 일분봉 차트를 보면 시작한 시간대가 오후 2시부터 2시 20분까지, 26,000원에서 30,650원까지 대략 18% 상승했다.

　　이것은 주가가 급등할 때 힘을 발휘하는 것을 지진으로 본다면, 지진이 일어난 후 그 지진이 일어나기 전진의 모습을 보여주는 흔한 예들이 있다. 지진이 일어나기 전 갑자기 동물들이 이동하는 모습들이 보이는 것처럼 그리고 지진 이후 후유증으로 여진도 있다.

　　주식도 폭발하는 시세인 지진이 일어나면, 반드시 그 눌림목의 박자가 세력 마음에 따라서 다르다. 기술적 흐름이 정배열인지 역배열에서 분출했는지에 따라 다르지만, 역배열일 때보다 정배열일 때 눌림목 박자가 짧다.

로보스타도 일봉이 정배열에서 급등이 시작되었기에, 한 박자 눌림을 주고 바로 다음 날 시세를 준 모습이다. 여기서 한 가지 더 첨가한다면 눌림목 매매는 시간대를 잘 파악해야 한다. 오전 장 11시에 파동이 나오는지 로보스타처럼 오후 장 1시 이후부터 나오는지에 따라서 파동의 길이가 다소 차이가 있다는 것이다.

이렇듯 강한 시세를 주는 종목은 반드시 한 번에 쉽게 죽지 않는다. 죽더라도 한 번 더 살아나려고 하고 꺾이기 때문에 이런 파동만 잘 활용해도 시장의 돈을 다 끌어모을 수 있다.

Chapter 08

재료도 수레바퀴처럼
돌고 돈다

    정부 정책주라는 재료를 부각시키면, 주식 시장에서는 스펀지처럼 잘 스며든다. 보통 한 번 활용한, 다시 말해서 재활용하는 재료들은 시간 외에 주로 반응을 잘한다. 시간 외 10% 상한가를 만들어주면 다음 날 시가 갭을 띄우는 데 쉽기 때문이다. 이제 개인 투자자들도 쉽게 높이 갭을 뜨는 종목을 들어가지는 않지만, 그래도 속임수에 빠져드는 개인 투자자도 있다.

    다음 기사를 보자. 크게 획기적인 기사 내용은 없고, 내용이 반복되고 있는데도 시간 외에서는 세력들의 힘을 보여준다. 시간 외에서 상승하는 종목들도 물론 재료에 의해 상승을 하는 것은 맞다. 그러나 시간 외의 매매는 상한가 잔량이 100만 주 이상 쌓여도 가짜가 있고, 상한가 잔량이 얼마 되지 않아도 다음 날 시가가 유지되지 않는 척하다가 시가를 벗기면서 예쁜 일봉을 만드는 예도 있다.

시간 외에서 나오는 기사 내용보다는, 장중에 힘을 실어주는 재료가 나올 때 매수세가 붙게 된다면 공격적인 매매가 가능하다. 하지만 새롭지 않은 재료는 때로는 관망도 필요하다. 다음 기사가 다음 날 어떻게 움직임이 나왔는지 보도록 하자.

〈헤럴드경제〉에 게재된 '[특징주] 보성파워텍, 한수원 이집트 원전 최종계약 유력소식에 강세'라는 제목의 기사(윤호 기자, 2022년 8월 16일)다.

한국수력원자력이 지난 2009년 아랍에미리트(UAE) 바라카원전 이후 13년 만에 수조 원대 규모의 이집트 엘다바원자력발전 사업 수주를 사실상 확정지었다는 소식에 보성파워텍 주가가 강세라고 전했다. 기사 게재 당일인 2022년 8월 16일 한국거래소에 따르면 보성파워텍은 이날 오후 2시 10분 현재 전 거래일 대비 270원(4.48%) 오른 6,300원에 거래되고 있다고 한다. 이어서 엘다바원전사업 소개와 한수원이 엘다바원전을 통해 약 13년 만에 '조' 단위의 수출을 하게 되었으며, 이에 따라 원전 업계의 기대감이 커지고 있다는 내용이다. 기사는 보성파워텍이 전력산업 기자재 생산 전문업체로, 한국원자력발전소 구조물을 생산 및 공급하는 업체라는 문장으로 마무리되었다.

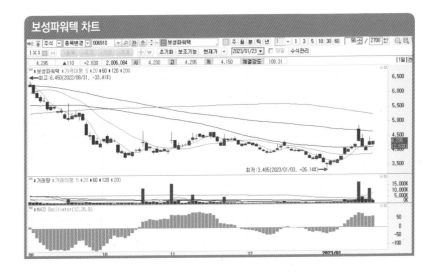

보성파워텍 차트를 보면 기사 내용에 의해 시간 외 상승을 보여주었
다. 빨간색 화살표에서는 7% 상승했고, 파란색 화살표에서는 15% 상
승 후 2% 추가 상승하며 마감했다. 결국, 재료의 가치가 수레바퀴처럼
돌아서 큰 반응을 주지 못했지만, 이는 정부 정책주이므로 이런 기사들
이 나올 때마다 움직임이 나올 것이고, 결국 차트를 만들기 위해 기사
를 반복해서 내는 현상으로 보인다.

비가 오지 않을 때 기우제를 지낸다. 기우제는 단 한 번도 실패하지
않았다고 한다. 그 이유는 비가 올 때까지 기우제를 지냈기 때문이다.
원전 관련한 정부 정책주도 파동이 나오고 나서 무너지고 나면, 다시
파동을 만들려고 안간힘을 쓴다. 그리고 그 파동의 뒤에는 항상 기사
제조기가 있다. 꼭 급등시켜 한 번은 더 멋진 파동을 그리기 위한, 즉

비가 올 때까지 기우제를 지내고 있는 모습처럼 보인다.

　원전 관련주들도 돌아가면서 한신기계가 대장을 했다가, 어느 날은 한전기술이 했다가, 또 하루는 서전기전이 했다가 지투파워에도 힘을 실린다. 비에이치아이도, 한전산업도 그러다가 두산에너빌리티도 그리고 보성파워텍 등 모두 같이 돌아가는 수레바퀴들이다.

Chapter 09

재료가 신고가를
만든다

주식 시장에서 신고가를 가는 종목은 투자자들이 특별하게 보는 경향이 있다. 세력들도 최대한 끌어올려 그들이 목표를 이루려고 신고가를 만든다.

신고가를 만드는 종목의 특징은 최대한 끌어올릴 때까지 주가를 띄워야 한다. 그 때문에 기술적으로 5일선 매매에 기준을 한다. 5일 선이 닿으면 귀신같이 돌려세우고 5일 선이 깨져도 오후 장에서 종가 동시호가 얼마 남겨 두지 않고 말아 올리는 그런 모습들을 보여준다.

예수님이 십자가에서 처형당하는 현장에서 바라볼 수밖에 없었던 막

달라 마리아는 경비병들의 경계가 삼엄하던 무덤에 찾아갔다. 예수님께 향품을 발라드리려고 한 것이다. 예수님의 열두 제자들도 도망가고 없는데 끝까지 예수님 곁을 지킨 사람은 다름 아닌 막달라 마리아였다. 여기서 끝까지 있어주는 사람이 누구냐에 주목해보자.

주식 시장에서는 신고가를 쓰고 갈 때, 누가 끝까지 따라붙어서 그 고점에서 매수해주느냐가 주식 시장의 신고가 정신이다.

신고가를 만드는 종목은 5일선을 칼같이 지켜야 한다. 5일선이 어느 기준에서는 생명선이나, 파동이 더 나올 수 있을 때는 5일선이 오히려 절호의 매수 찬스가 될 수도 있다. 신고가를 쓰는 종목이 파동 길이와 재료가 더 나올 이슈가 있다면, 5일선을 굳이 고집하지 않아도 된다. 그러나 그 파동 길이도 그때그때 달라지기에 안전한 매매를 위해서는 원리원칙은 반드시 지키는 것이 좋다고 본다.

신고가의 파동 길이는 대략 처음 파동이 진행된 시점을 기준으로 2.5배에서 3배를 보면 된다. 다음의 차트를 보자.

SAMG엔터 차트다. 화살표 방향의 캔들이 5일선이 깨지고 나서, 5일선을 바로 회복시켰다. 그리고서 서서히 5일선 추세선을 만들어준 모습이다. 보통 5일선을 회복시키는 과정이 오후 장 2시 이후 잘 이루어진다. 하지만 SAMG엔터는 일분봉에서 보면 오전 장 시작하고 바로 9시 10분부터 긴 장대 양봉을 만들어준 것이 특징이다. 새로운 기법을

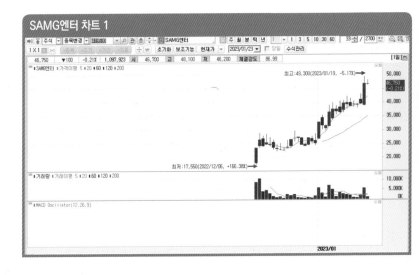

만든 신의 한 수처럼 보인다. 그 자리가 바로 화살표 자리다. 이런 경우는 허다하지 않지만 익혀두는 것이 좋다.

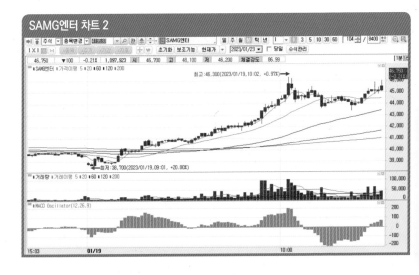

SAMG엔터가 어떤 재료로 고공 행진을 하는지, 기사를 통해 재료의 깊이를 한 번 보도록 하자. '우리아이 세뱃돈으로 티니핑 장난감 대신 티니핑株 사줄까'라는 제목의 〈이데일리〉 기사다(원다연 기자, 2023년 1월 23일).

SAMG엔터에서 제작한 애니메이션 〈반짝반짝 캐치! 티니핑〉이 인기를 끌면서 SAMG엔터의 주가는 올 들어서만 84.8% 급등했다고 한다. 설 연휴 전 마지막 거래일에 SAMG엔터는 전일 대비 0.21% 하락한 4만 6,570원으로 마감했다면서 전일 하루 새 18.61% 급등한 여파에 하락 마감했지만, SAMA엔터의 주가는 지난해 말 상장 이후 꾸준한 상승세라고 전했다.

〈반짝반짝 캐치! 티니핑〉은 중국에서도 인기를 끌면서 주가의 상승세를 지속되고 있다고 한다. 중국 최대 키즈TV 채널인 진잉카툰을 시작으로 광동자자카툰, 베이징 카쿠카툰 등에서 방영하며 시청률도 상위권을 기록하고 있다는 내용이다.

SAMG엔터 측은 "지난해 설립한 SAMG엔터 중국 법인을 통해 현지 직접 사업을 확대하며 IP 흥행을 매출 상승으로 이어갈 계획"이라고 밝혔으며 지난 2014년 '미니특공대' 론칭 이후 약 10년 만에 선보이는 로봇 액션 히어로물인 〈메탈카드봇〉도 방영된다고 소개했다.

증권가에서는 중국 등 해외 매출 성장을 기반으로 SAMG엔터가 높은 실적 성장을 이어갈 것으로 보고 있다. 하이투자증권에 따르면 SAMG엔터의 지난해 실적 가이던스는 매출액 832억 원, 영업이익 83

억 원이며, 올해 실적 가이던스는 매출액 1,395억 원, 216억 원이라고 밝혔다.

기사 내용이 미래가치를 볼 수 있게 잘 나타나 있음을 알 수 있다. 이런 부분들이 주가를 움직일 수 있는 원동력이 된 것으로 해석된다.

이제 이 책을 통해서 주가를 움직일 수 있는 것은 한 줄의 기사로 충분하다는 것을 알게 되었을 것이다. 기사가 주가를 좌지우지한다는 것을 알게만 되어도 가치 투자만 고집하지는 않을 것이다.

투자자들이 가장 선호하는 매매 방법은 가치 투자다. 아무리 주가가 하락해도 제자리를 찾아가는 종목에 투자하기를 바라는 마음은 예나 지금이나 한결같다고 본다. 그러나 아직까지 시장은 체력이 많이 약하기 때문에 누구나 꿈꾸는 투자는 정말 "현실이 아닌 꿈이라는 것이 서글픈 현실"이라는 것을 인정해야 한다.

하지만 가치 투자를 고집하지 않고 시장에 순응해서 재료 매매를 하다 보면 한정된 자금으로 빠른 시간에 돈을 벌 수 있는 장점도 있다.

SAMG엔터가 상장한 첫날 상한가를 칠 때 가볍게 매수해서 한 달을 보유했더라도 180%가 넘는 수익률을 기록했을 것이다. 좀 더 쉽게 풀이하면 17,550원에 백주를 매수해서 한 달을 들고 있었으면 49,300원이다. 170만 원을 투자했으면 490만 원이 되었다고 보면 맞는 계산법이다.

고양이가 쥐한테 "사랑해"라고 하는 것은 잡아먹으려는 속임수다. 마찬가지로 세력도 기술적 흐름과 차트를 너무 예쁘게 만들어 투자자를 현혹시킨다. 이것 역시 개인 투자자에게 고양이가 쥐에게 "사랑해"라고 속삭이는 것하고 똑같다. 개인 투자자들이 이런 속임수에만 넘어가지 않는다면 분명 승산이 있는 게임이다.

Chapter 10

재료끼리 밀당하고, 연애하고

메르스나 사스보다 치사율은 낮았지만, 코로나19는 세상의 살아가는 방법을 많이 바꾸어놓았다. 주식 시장에서도 코로나19 인해 패턴이 많이 바뀌었다. 코로나19 시대에, 시장에 뛰어든 투자자들은 브레인들이 상당히 많다. 그래서 세력들도 수급 종목의 난이도를 최상급으로 올려놓았다. 과거 같으면 어떤 재료가 노출될 수 있는 시기가 남아 있을 때 미리 매수해두고 기다리면 적어도 수익을 주었다. 하지만 지금은 누구나 다 아는 재료에 대해서는 그와 관련성이 있는 종목이라 할지라도 꿈적도 하지 않는다.

그러나 이미 재료를 가지고 만들어진 테마들은 상반된 구조로 되어 있기 때문에 돌아가면서 밀고 당기기를 하는 경우는 있다.

코로나19에 많이 전염된 확진자 수가 증가했을 때는 코로나19 백신 관련주, 마스크 관련주, 진단 꾸러미 관련주, 재택 관련주, 교육주(학교 갈 수 없으니 원격교육) 등이 돌아가면서 움직임을 나타냈다.

2019년부터 2022년까지 꽤 긴 시간을 코로나19로 고통받았다. 그러다 보니 어느덧 코로나19 항체도 생겨나고 제로 코로나보다는, 위드 코로나 시대로 재료가 흘러갔다. 막상 코로나가 끝나지 않았지만, 실외는 마스크 착용이 해제됐고, 실내도 조만간 해제 소식에 위드 코로나에 맞는 테마들이 움직임을 보여주었다.

항상 테마는 재료와 함께 움직인다. 테마는 같은 업종의 종목들이 같이 움직일 때 파급효과가 크다. 위드 코로나 시대에서 여행 항공 관련주, 카지노 관련주보다 마스크를 먼저 벗게 되니 '화장품 관련주'들이 움직였다.

여전히 위드 코로나이다 보니, 제로 코로나 관련주와 반대편의 리오프닝 관련주와 서로 시소를 타는 현상이 시장에 나타났다. 코로나19 관련주 그룹도 많고, 리오프닝그룹 관련주도 많다. 그중에서 코로나19 관련주는 진단키트 쪽이고 리오프닝 관련주 중에서는 화장품 관련주 두 그룹이 밀당이 들어가는 모습을 보여주었다.

코로나19 관련주 중 진단키트 쪽은 나노엔텍, 흡입형 치료기 쪽은 바디텍메드, 호흡기 관련 맥아이씨에스 백신 관련해서는 제일파마홀딩스, kpx생명과학, 마스크 테마는 케이엠제약 등이 움직임을 보여주는 반면, 리오프닝 쪽은 한국화장품제조, 한국화장품, 청담 글로벌, 연우, 컬러레이 등이 돌아가면서 순환했다.

상반된 의미가 있는 테마의 흐름은 서로 시장에서 눈치를 본다. 한쪽이 움직이면, 또 다른 한쪽이 움직이는 현상이 나온다. 그러므로 관심창에 정리만 잘해두어도 그날 방향성이 어디로 정해지는지 빨리 파악을 할 수 있다.

차트의 방향은 서로 반대 현상이다. 코로나19 쪽의 맥아이씨에스와 리오프닝 관련주 중에서 대장 역할을 하는 한국화장품제조를 보면 더 쉽게 이해할 수 있다.

멕아이씨에스 차트

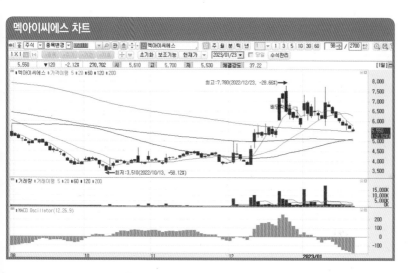

한국화장품제조 차트

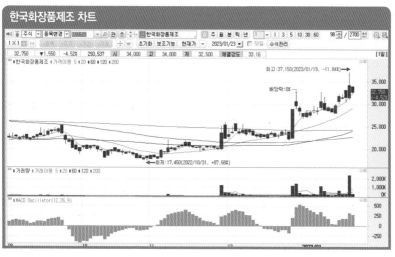

앞의 두 차트를 보면 멕아이씨에스는 지는 해고, 한국화장품제조는 뜨는 해라는 것을 알 수 있다. 코로나19 관련주들이 역배열상태에 있어도 언제든지 돌릴 수 있는 '코로나 환경 조건'이 있기 때문에 상승장이 될 때 헤지성으로도 쓰일 수 있는 먹잇감이다.

Chapter 11

재료를 봤을 때 배짱의
강도는 얼마나 되나?

　주식 시장에서 엔터테인먼트 쪽은 상당한 인기를 끌어야만 주가에 반영되는 경우가 많다. 그래도 1년 안에 한 번씩 주가에 영향을 주는 "역시 세력이 선택한 종목"이어야 한다는 것이다. 그 선택된 종목들은 전체 시장이 뜸할 때 드라마나 영화 관련한 조그만 기삿거리라도 나오게 되면 "하루짜리, 순간 밥값 정도"는 나온다. 때문에 재료 매매인 테마주를 할 때는 항상 주도주여야 한다는 생각을 잊어서는 안 된다.

　현재 2,000개가 넘는 주식이 상장되어 있다. 재료가 나오게 되면 그와 관련성을 지어 움직일 수 있는 종목들은 많지만, 지금 시장에서는 움직이는 종목은 그리 많지 않은 것이 현실이다.

넷플릭스 1위를 차지한 〈오징어게임〉 관련주가 들썩였다. 주인공 이정재 배우가 에미상을 수상해 더 이슈몰이가 되었다. 〈오징어게임〉은 리듬을 잘 타야 한다. 주인공이 상을 받는다고 무조건 보유를 하고 있으면 안 된다는 말이다.

주가에 영향을 주기 위해 재료를 던지는 이유는 낚시를 좋아하는, 낚시 애호가들은 잘 알 것이다. 물고기를 잡기 위해서 낚싯대에 어떤 미끼를 꽂아야 할까? 당연히 물고기가 좋아하는 미끼를 달아주는 이치로 보면 된다. 특히 이런 엔터테인먼트 관련주(이하 엔터주)들은 재료를 내보내고 한 번 파동을 주고 나면 가치가 빨리 소멸한다. 엔터주의 움직일 수 있는 힘이 재료인데, 무궁무진하게 나올 수 있는 재료의 가치가 부족하기 때문이다. 그래서 엔터주들은 시장에서 반짝하는 경향이 있으니 "치고 빠지는 전략"을 잘 구사해야 한다.

〈오징어게임〉과 관련해 움직인 대표적 종목 버킷스튜디오의 주봉을 보면 잘 알 수 있다.

2022년은 세계에 K-문화가 독보적 위상을 만든 해이기도 하다. 〈오징어게임〉에 이어 〈재벌집 막내아들〉 역시도 〈오징어게임〉만큼 시세를 분출하지는 못했다. 그것은 드라마의 인기순 때문이다. 넷플릭스에서 전 세계 1위를 했더라도, 〈오징어게임〉처럼 100개국 이상이냐, 60개국

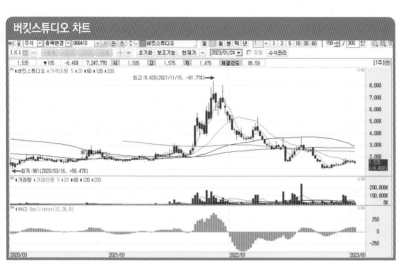

에 그치느냐에 따라서 주가의 움직임이 달라진다. 그러나 종목들의 순
환이 빨라진 것은 사실이다.

　래몽래인을 필두로 미스터블루, 코퍼스코리아, 엔비티 관련한 종목
들이 순환하면서 움직여주었다. 그런데 여기서 대장 역할을 했던 래몽
래인의 주가 차트와 코퍼스코리아의 주가 차트가 다르다.

　다음 래몽래인과 코퍼스코리아 차트를 한 번 살펴보자.

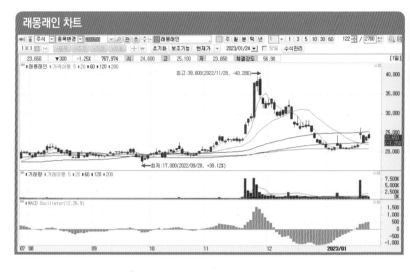

이 두 종목은 똑같은 시기에 움직였다. 대장주 역할을 한 종목은 역배열이고, 뒤늦게 움직인 종목은 정배열이다. 여전히 추세선이 살아 있는 것은 세력의 의지가 한 줄 기사 재료로 잘 나타나 있다.

〈연합뉴스〉의 '[특징주] 넷플릭스 가입자 증가에 영상콘텐츠 관련주 상승(종합)'이라는 제목의 기사(송은경 기자, 2023년 1월 20일)다.

넷플릭스의 작년 4분기 가입자가 766만 명 증가하며 주가가 급등하자 20일 국내 주식 시장에서도 영상콘텐츠 관련 종목들이 강세를 보였다고 전했다. 넷플릭스가 공개한 2022년 4분기 실적에서 지난해 말 기준 글로벌 회원 2억 3,100만 명을 기록했다고 밝혔고, 신규 가입자 수는 월가 예상치인 457만 명을 웃돌았다고 보도했다. 넷플릭스 주가는 이날 정규장에서 3.23% 내린 315.78달러로 마감했으나 실적 발표 이후 시간 외 거래에서 6% 넘게 급등했다.

여기서 영화 〈아바타〉 관련해서 움직인 바른손이앤에이, 알로이스도 기사 내용을 내보내주느냐, 그렇지 않으냐에 따라서 상황이 역전되는 모습을 보여주고 있다. 결국, 흥행 관련한 제작사는 손익 분기점이 넘어가도 더 이상 나올 재료가 부족하나, OTT 셋톱 관련해서는 어디든 붙어도 만들 기사가 많기 때문에 세력들이 이쪽으로 손을 들어준다. 이처럼 시장에서 더 활용 가치가 있다면 돈을 들여서라도 기사를 만든다고 보면 된다.

슈퍼마켓에 똑똑한 앵무새 한 마리가 있었다. 물건을 사러 온 아주머니에게 늘 "아줌마 진짜 못생겼다"라고 말했다. 화가 났지만, 아주머니는 꾹 참았다. 슈퍼마켓 주인은 앵무새에게 야단을 치고 그런 말을 하면 안 된다고 교육했다. 다시 아주머니가 왔다. 똑똑한 앵무새는 아주머니에게 "아줌마 말 안 해도 알쥐(지?)!"

세력도 '이현령비현령-귀에 걸면 귀고리 코에 걸면 코걸이'의 형태를 하고 있으면서 개인 투자자에게 "말 안 해도 알쥐(지?)!" 하고 말하는 소리가 들리는 듯하다.

Chapter 12

재료를 만드는 그들의 전략은 테마도 유행을 탄다

2022년을 달군 테마가 2차전지다. 2023년은 로봇 관련주들이 주식 시장을 주도하려고 하고 있다. 2차전지 관련한 종목들도 리튬으로 시작해 리튬광산 발굴까지로 끝났다. 재료를 더 물고 늘어져 양파처럼 까고 또 까고 해야 했는데, 밤송이처럼 까기가 힘들어 종목들이 많이 확산하지 못했다.

그러나 로봇 관련해서는 챗봇을 시작으로 로봇과 AI 인공지능 관련성 종목들이 나오고 있다. 세력들이 정말 만들기 좋은 형태인 것은 분명하다.

로봇 테마의 첫 삽을 뜬 것은 레인보우로보틱스다. 우리나라를 대표하는 기업은 누가 뭐라고 해도 삼성을 빼놓을 수 없는데, 삼성의 전략이 그대로 반영된 것이 레인보우로보틱스다. 사실 600억 원을 투자하는 것이 삼성 측에서 봤을 때 그리 큰 금액은 아니다. 삼성이 600억 원 제삼자 배정 유상증자 이야기가 나올 때만 해도 레인보우로보틱스의 시가 총액은 5,000억 원 정도였으니 600억 원은 그리 큰 금액은 아니었다.

유상증자 발표가 있고 한 달 후 지금은 레인보우로보틱스의 시가 총액은 1조 2,000억 원이 되었다. 이처럼 시장에서 "누가 투자하느냐"가 정말 중요한 부분이라는 것을 알 수 있다. 삼성이라는 상징성이 너무 크게 보여줬다는 것이다.

삼성이 투자할 때는 다 그만한 이유가 있다고 보는 것이고 시간이 지나면, 혹시나 그 기업을 인수해 삼성이라는 브랜드가 되지 않을까 하는 기대감이 주가를 더 높이 띄울 수 있는 원동력이 될 수가 있다. 이렇듯 주가는 시기를 잘 타야 하는데, 로봇 관련주는 지금 시기에 잘 맞는 테마가 되었다.

인구는 계속 감소하고 있다. 인간들은 단순화된 업무는 하지 않으려 한다. 혼자서 사는 사람들이 늘어나면서 로봇과 대화하는 챗봇까지 등장하고 있다. 로봇 관련주들은 2023년을 어떻게 달굴지 자못 궁금하다.

"주식은 패션이다"라는 말은 내가 가장 많이 하고, 시장에서 많은 공감을 얻고 있다. 패션처럼 테마가 만들어져 시장에서 주도주 역할을 하기 위해서는 디드로 효과(Diderot Effect)가 있어야 한다. 디드로 효과는 하나의 물건 때문에 다른 물건을 계속 구매하게 되는 소비 현상을 말하는 용어다. 프랑스의 철학자 드니 디드로(Denis Diderot)가 저서 《나의 오래된 가운을 버림으로 인한 후회》에 쓴 일화에서 유래했다. 친한 친구로부터 선물받은 세련된 붉은 가운이 집 안 가구들과 어울리지 않아서 가구를 전부 바꾸게 되었다는 내용이다.

마찬가지로 시장에서도 테마가 형성되면 대장주가 나온다. 그리고 부속으로 따라붙을 수 있는 재료가 있는 종목들이 많이 나온다. 그때 관련 기업들의 테마들이 줄줄이 사탕처럼 나오면서 시장의 판이 커지는 것이다.

로봇 테마가 시장을 주도하게 되면, 로봇에 어울리는 기업들의 테마가 형성된다. 가령 로봇에는 로봇의 눈이라고 할 수 있는 카메라가 핵심인데, 3D센싱 카메라에서 나무가 치고 나온다든지, 인공지능 쪽에서는 셀바스AI나 메타랩스가 지속적인 흐름이 진행되는 것이다. 이런 부분 외에 헬스케어 로봇 관련 기사가 나오면 헬스케어 종목도 움직이며 관련 기업들의 주가가 활화산처럼 불타오른다.

2023년 이미 로봇 테마는 시작했다. 로봇 대장주만 따라가야 하나, 후발주를 노려야 하나 등 고민을 해야 할 때가 아닌가 싶다. 로봇 관련 주들은 너무나 많다. 한때는 로보로보가 주도한 적도 있었고, 내재가치가 약간은 불확실한 휴림로봇도 시세를 준 적이 있다.

늘 강조하듯 "주식은 패션"이다. 지금 로봇 대장은 누가 뭐라고 해도 레인보우로보틱스다. 그 뒤를 따라서 뉴로메카가 가고 있고 로보스타도 LG브랜드를 안고서 따라가고 있다. 후발주자로 에브리봇, 코닉오토메이션 등이 지금 움직임을 보여주는 로봇주 중에서 핫한 종목들이다.

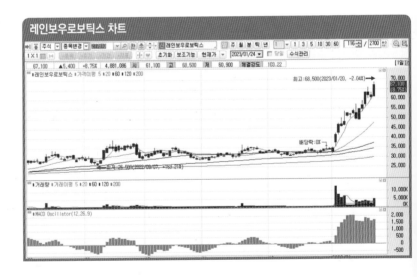

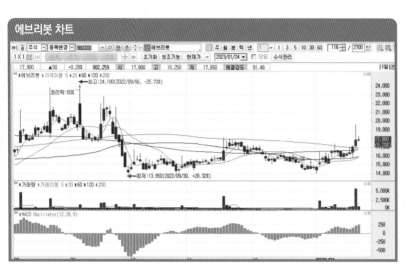

에브리봇 차트

두 차트를 보자. 레인보우로보틱스는 완전한 추세선을 살렸다. 5일
선이 깨지고 20일선까지 살짝 훼손되는 차트가 만들어져도 지지라인
만 잘 갖춰진다면, 조정 본 구간에서도 수익이 날 수 있다. 그리고 첫
번째 만들어진 파동 길이보다 더 나올 수 있는 그림이 될 수도 있기에
2023년은 잘 지켜봐야 할 것 같다. 레인보우로보틱스는 삼성 이미지가
실려 있다. 삼성에서 약간의 입김만 불어도 날아갈 수 있는 자세를 갖
추고 있다. 그 때문에 하루 만에 터지는 거래대금도 무시할 수 없는 상
황이라는 점을 명심했으면 한다.

두 번째 얼굴을 내비친 로보스타나 에브리봇 모두 가볍게 움직일 수
있는 수급주다. 로보스타도 기술적 흐름으로 보면 이미 진행 상태다.
에브리봇도 레인보우로보틱스나 로보스타 같은 부류에 합류하려는 모습을 보여주고 있다. 이 책을 언제 보느냐에 따라서 시차가 나올 수 있다. 지금 현재 올려진 차트 모양으로 봤을 때 설명된 부분이라는 것을 알고 있어야 한다.

주식 시장이 강해졌을 때 주도주는 중기 매매, 단기 매매 모두 가능하다. 우리 주식 시장이 중기 매매가 어려운 부분은, 주가가 어느 정도 올라가려고 하면 대주주 매도, 악재 공시를 내면서 가치 투자에 물을 끼얹는 경우가 허다하다. 그래서 중기 투자를 꺼리는데, 사실 틀린 이야기는 아니다. 그래서 단기로 수익 구조를 만들려고 하는 투자자가 늘어나고 있는 것 또한 현실이다.

하락장은 어떨까? 하락장에서는 주도주가 없기 때문에 매매 자체가 까다롭다. 하지만 바닥을 다지고 있는 주도주는 단기 매매를 통해 하루 진폭을 이용하는 것이 중기 매매보다 더 큰 수익 구조를 만들 수 있다.

하락장에서 투자를 이해하며 수익을 내기까지는 재능과 실력을 갖춰야 한다. 거기에 하나 더해서 운도 따라주어야 하며, 현금도 갖추고 있어야 한다. 얼른 보면 재능, 실력, 운, 현금 이것만 갖추면 된다고 생각할 수 있는데, 이 4가지가 얼마나 힘들고 어려운 부분인가는 막상 단기 트레이딩을 해보면 쉽지 않다는 걸 알게 된다.

시장에서 단기 트레이딩을 통해 매일 수익을 내려면 상위 1% 안에 들어가야 한다. 그럼 얼마나 많은 노력을 해야 하는지 말하지 않아도 알 것이다. 무엇이든지 쉽게 이루어지는 것은 없다. 부지런히 노력하다 보면 반드시 그 결과로 30억 원에 도달할 수 있을 것이다.

간혹 어떤 개미들은 과거 실적만 보고 주식을 한다. 백미러만 보고 오토바이 운전하는 것과 다를 바 없다. 단 하루를 투자하더라도 그날의 미래 가치를 보고 매매하라고 말하고 싶다.

그날의 미래 가치는 그날 수급이 매일 말을 해주고 있다. 수급이 말 하는 것을 빨리 캐치할 때 주식 시장에서 상위 1%는 떼놓은 당상이다.

Chapter 13

심지가 굳어야
세력을 이길 수 있다

코로나19 이후 2년간 주식 시장은 그야말로 너무나 수익을 내기 쉬웠다. 이 사실은 2022년 힘든 장을 만나고 나서야 알게 된다. 주식은 이렇게 지나고 봐야 알 수 있는 후행성 지표에 의존한다. 그 후행성 지표 중에서도 가장 안전하다고 보는 지표가 캔들이 5일선 위에 안착한 정배열이다.

정배열 매매는 상한가 매매와 차이가 있다. 상한가 매매는 상한가를 치고 난 이후 눌림목 매매가 그리 까다롭지 않다. 상한가를 형성했을 때, 세력들의 의지가 강할 때는 한 번 눌림을 주고, 바로 파동이 나온다. 그렇지 않으면 대략 늦어도 4~5번 눌림목에서는 기본적인 파동이 나온다. 세력이 상한가를 만드는 목적은 팔아먹기 위한 하나의 수단이다. 그러므로 상한가 이후의 매매는 팔고 나올 기회를 한 번은 주게 되어 있다. 그리고 상한가를 만든 종목의 고점은 확연히 알 수 있다. 상한가는 눌림목 이후 더 이상 상한가를 만들지 못하면 단기 고점이다. 해서 상한가 이후의 단기 고점을 아는 것은 그리 힘든 패턴이 아니다.

　그런데 상한가를 치지 않고 정배열로 파동의 길이를 만드는 형태는 어디가 고점인지 구분하기가 조금 까다롭다. 물론 5일선이 깨지면 단기 고점으로 보면 되지만, 5일선을 깨고도 다시 파동을 만드는 경우가 있기 때문이다. 다음 차트 화살표 방향은 5일선을 깨고 다시 살려 파동을 진행시킨 흐름이다.

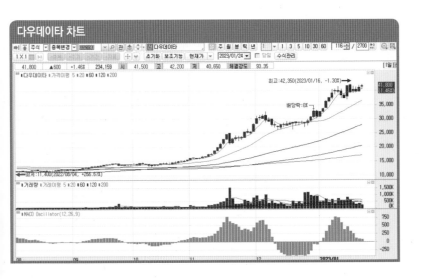

다우데이타의 수급의 주체는 외인이다. 외인들의 5일선 파동 매매의 전형적인 스타일이다. 그런데 일반적 흔히 말하는 세력 수급은 5일선을 너무 믿어서도 안 된다. 인공지능 관련한 3인방 셀바스AI, 솔트룩스, 코난테크놀로지 움직임이 예사롭지 않다. 이런 패턴은 특히 오후 장에 급락하지 않는지 관찰이 필요하다. 크게 가기 위해서는 한 번 장중에 흔들 수 있기 때문에 첫 번째 흔들기에서는 노려보는 전략도 나쁘지 않아 보인다.

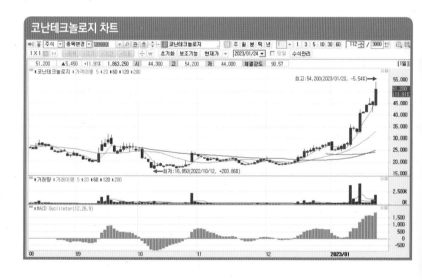

솔트룩스 차트

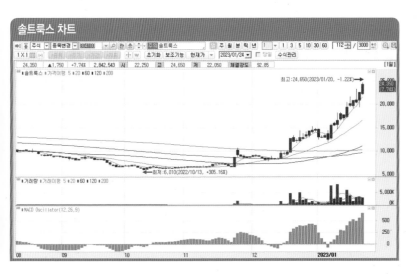

셀바스AI 차트

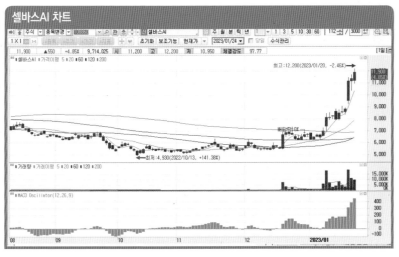

5일선 매매에서 일반적 단기 고점은 파동의 시작점에서 보통 2배에서 2.5배 상승시키는 것을 단기 고점으로 본다. 이런 매매에서 외인이 주체가 된 수급은 2배의 파동 길이가 나오는 시간이 길다. 하지만 세력 수급은 똑같이 2배의 파동 길이가 나오는 시간이 외인 수급보다 짧은 경우가 많다.

그래서 빨리 상승시키는 종목은 장중 급락을 주는 경우가 나온다. 5일선이 살아 있는 종목이라고 하더라도 파동이 이미 나온 상태다. 매수 주체가 세력의 수급이라면 외인의 매매 패턴과 다른 흐름이 진행될 수 있다. 그러니 절대 방심해서는 안 된다.

우리가 살아가면서 선과 악에 대한 개념을, 자신이 배가 고픈데도 배고픈 사람에게 먹을 것을 주면 선한 사람, 자신이 배가 부른데도 배고픈 사람에게 먹을 것을 주지 않는 사람을 악한 사람이라고 단정 짓는다.

주식 시장의 세력은 자신이 배가 불러도 절대 배고픈 투자자에게 먹을 것을 주지 않는 냉정한 DNA를 가지고 있다는 사실을 잊으면 안 된다.

Chapter 14
물타기도 필요한
재료 매매

우리는 수익을 내기 위해 자신만의 매매 방법을 찾으려고 엄청난 노력을 할 것이다. 상위 1%에 들어야만 시장의 정글 속에서 짓밟히지 않고 살아남을 수 있다. 그 때문에 노력하지 않으면 바로 시장에서 퇴출당하는 고통을 한 번쯤은 겪어봤을 것이다.

그 고통은 빠른 수익을 만들고자 하는 욕망이 앞서 반복된 시행착오를 겪다가 매일 수익을 내는 투자 비법을 찾게 된다.

주식 투자를 하는 목적은 돈을 벌기 위해서다. 간혹 돈이 아주 많은 큰손은 10억 원을 잃어도 무덤덤하다. 게임을 한 번 했다고 치기도 하고 배당을 기다리기도 한다. 그러나 소액 투자자들은 상황이 다르다.

대부분 생계형이다. 하루에도 어떻게든 벌어야 살 수 있어 절박함이 불타올라 매매를 그르칠 수도 있지만, 이런 다급한 태도의 매매도 때로는 경험을 쌓을 수 있다고 본다. 돈을 따라가지 말고, 돈이 따라오게 하라는 말이 있다. 맞는 말이긴 하지만 이런 말이 돈이 급한 사람에게 잘 들릴지 모르겠다.

잠수부들은 물속에 들어갈 때, 마지막이라는 마음으로 들어간다고 한다. 왜냐하면 공기를 급하게 마시면 쪼그라져 있는 허파가 갑자기 들어온 공기 때문에 터지기 때문이다. 그만큼 위험하다. 그릇도 온도를 이길 수 있을 때, 뜨거운 것을 담을 수 있다. 아무리 돈을 많이 잃어 빨리 복구해야 한다고 하더라도 급하면 체한다. 급할수록 돌아가야 한다. 급하게 하면 오히려 더 망칠 수 있으니 천천히 배워가자.

한정된 자금을 가지고 잃은 돈을 빨리 복구하는 것은 데이 트레이딩 밖에 없다고 본다. 데이 트레이딩은 매일 돈을 버는 방법이기 때문이다. 하루에 12만 5,000원을 1년 벌면 3,000만 원이 되고, 하루 125만 원을 1년 벌면 3억 원이 된다. 하루 1,250만 원을 1년 벌면 30억 원이 된다. 30억 원도 1년 만에 가능한 일이다.

세상에 이렇게 돈을 잘 벌 수 있는 매매 방법이 주식 시장에서는 존재한다. 그러니 언제든지 시작할 수 있다는 것이다. 투자 금액은 크게 상관이 없다. 투자 금액이 많으면 조금 쉽게 매매할 것이고, 투자 금액이 적으면 아무래도 좀 더 힘들게 벌게 된다. 쉽게 설명하면 주식도 비즈니스이기 때문에 사업할 때 여유자금이 많으면 유리하다는 점이 세상 이치와 같다고 생각하면 된다.

주식은 살아 있는 생물이다. 개구리의 방향과 같다. 어디로 뛸지 모르기 때문이다. 그것을 터득하기까지 파리의 감각 신경보다 빨라야 한다. 파리의 감각 신경은 피코보다 가늘다고 한다. 미세한 물리학적 계량 단위 중에서 나노가 10억분의 1이고, 마이크로가 100만분의 1이라면 피코는 1,000조분의 1이라고 한다. 데이 트레이딩이 그리 만만하지 않음을 알 수 있는 부분이다.

주식 투자자들이 선호하는 데이 트레이딩 방법 중에서 많이 하는 것이 상한가 따라잡기다. 요즘은 상한가의 의미를 개인 투자자들이 많이 알고 있다. 때문에 그렇게 따라 가지는 않는 것 같다. 그래도 매매 습관이 붙어 있는 투자자들이 따라가서 낭패를 보는 경우가 있다. 강한 상한가는 첫 상한가나 재료가 확실할 때 따라붙는 것이 좋다. 그러나 상한가를 만들고 다음 날 갭 하락하는 경우의 종목들이 잘 나온다. 결국, 그들의 의도가 밝혀지는 셈이다. 이럴 때는 어떻게 해야 하는지 다음 차트를 보면서 분석해보자.

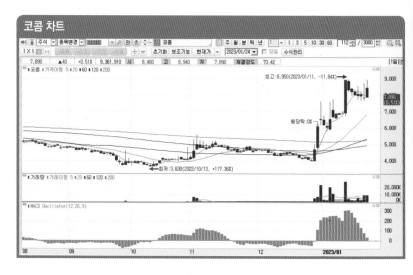

코콤은 2022년 12월 28일 첫 상한가를 만들었다. 그 후 단일가 매매까지 들어가고, 단일가가 풀리면서 두 번째 강한 상한가를 만들었다. 코콤의 재료는 다음과 같다.

〈머니S〉, '[특징주] 코콤, 尹대통령 '드론부대' 창설 지시에 14%대 ↑'라는 제목의 기사다(원다연 기자, 2023년 1월 5일). 정부가 '합동드론사령부'를 창설하겠다고 발표하자 코콤이 당일 장 초반에 강세를 보였다는 내용이다. 전 거래일보다 14.66% 오른 7,510원에 거래되고 있다는 것이다.

이런 재료가 지속적 힘을 내줄 수 있는 에너지가 있었기 때문에 상한가를 만들었지만, 다음 날까지 연결하지 못했다. 하지만 재료의 불씨가 완전히 꺼지지 않은 상태다. 만약 상한가 따라잡기로 화살표로 표시되어 있는 부분에서 분할 매수 전략으로 들어갔다면, 충분히 한 번은 털고 나올 자리를 주었다.

금호건설도 마찬가지다. 재료를 먼저 살펴보자. 재료는 '두바이 1경원 규모 D33 프로젝트 추진 소식 속 두바이 국제공항 여객터미널 마감 공사 수주 이력 보유 사실 부각에 상한가'라는 이슈로 금호건설 주가가 장 초반 강세였다는 것이다.

또한 〈파이낸셜투데이〉에 따르면(오아름 기자, 2023년 1월 11일), 금호건설이 1,838억 원 규모의 형곡3주공 주택재건축정비사업 계약을 체결했다는 것과 계약 금액이 회사 직전 매출액의 8.90%에 해당한다는 것이다. 해당 재건축 사업은 경북 구미 형곡동 141-11번지 일원에 아파트 7개 동, 총 770세대를 건설하는 공사다.

재료가 살아 있고 똑같은 재료도 반복된 기사들이 나와준다면, 금호건설도 상한가에서 갭 하락 후 밀려 있지만, 또 한 번 급등을 노릴 수 있을 것으로 보인다.

Chapter 15

주식의 달인은 재료에
목숨 건다

인간은 타자와 비교하는 순간부터 자신을 불행에 빠뜨린다. 누구나 다이아몬드처럼 빛나는 한 구석이 있다. 타자와 비교하지 말자. 비교하지 않으면 마음에 따라 결과물이 달라질 수 있다. 그 때문에 실력을 키우고 실천하는 행동을 하다 보면 무협지에 가장 많이 나오는 말 중 하나인 '내공'이 쌓이게 된다. 내공은 집중력이 필요하다. 집중력을 키우면 자연스럽게 주식의 달인이 될 수 있다.

2022년부터 주식 시장에서는 중동 바람이 불어왔다. 먼저 재료부터 살펴보도록 하자.

〈서울신문〉의 '제2 중동 붐… 산업부 MOU만 26개…단일 외국인 역대 최대 투자'라는 기사다(이은주 기자, 2022년 11월 17일).

사우디아라비아 실권자인 무함마드 빈 살만 왕세자 방한에 맞춰 한국 주요 기업과 사우디 정부·기관·기업이 최대 수십조 원 규모의 26개 초대형 프로젝트에 시동을 걸었다는 내용이다. 산업통상자원부와 사우디 투자부는 17일 양국 정부와 경제계 인사 등 300여 명이 참석한 가운데 '한·사우디 투자 포럼'을 개최했고, 이 자리에서 한국의 주요 기업과 사우디 정부·기관·기업은 다양한 산업 분야에 걸쳐 총 26건의 계약·양해각서(MOU)를 체결했는데 이 가운데 6건은 한국 민간 기업과 사우디 투자부 간, 17건은 공기업이 포함된 한국 기업과 사우디 기관·기업 간, 3건은 사우디가 투자한 기업(에스오일)과 국내 건설사들 사이에 맺어졌다.

세계에서 비공식 재산 1위 빈살만은 세계 최대 회사인 아람코를 운영하고 있다. 아람코의 한해 영업이익은 애플과 삼성을 합친 것보다 많다고 하니 재산이 많은 것은 확실하다. 빈살만은 앞으로는 석유만 가지고는 살아갈 수 없다고 했다. 현재 중동 지역은 석유로 먹고사는 나라다. 국민에게 세금도 받지도 않는다. 그리고 한 해 예산을 다음 해 유가 기준으로 책정하는데, 아무리 못해도 유가는 60달러를 유지해주어야 한다. 그런데 유가가 100달러를 갈 때도 있지만, 30달러로 곤두박질칠 때도 있다. 석유 외에 대체에너지도 많이 나오고 있다 보니 빈살만은 앞선 생각을 하게 된 것 같다.

빈살만은 자신이 생각한 새로운 사업 프로젝트를 발표했다. 그것이 바로 '네옴시티'다. 빈살만은 네옴시티를 스마트한 관광 허브로 만들겠다는 포부를 밝혔다. 무려 예산이 우리나라 한 해 살림살이인 600조 원과 맞먹는다. 중동지역과 우리나라는 과거 1970년대 현대 건설이 중동 붐을 일으킨 인연이 있다. 때문에 양국 간에 서로 좋은 이미지가 있는 것도 사실이다.

네옴시티와 관련해서 움직인 대표적인 종목이 한미글로벌과 유신이다. 한미글로벌은 빈살만이 한국을 방문한다는 재료와 함께 불타올랐고, 빈살만이 방문한 시점에 단기 최고점을 만들었다. 그리고 주식 교과서에 나오는 매뉴얼대로 재료 소멸과 함께 주가는 미끄러졌다. 주식 시장에서는 기대심리로 오르고, 막상 기대한 재료가 나오게 되면 주가가 하락하는 것은 공식과도 같은 것이니 기억해두기를 바란다.

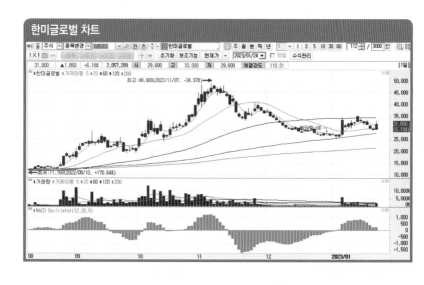

한미글로벌은 빈살만의 한국방문에 최고점 48,900원을 기록했다. 그런데 네옴시티는 여전히 진행 중이다 보니 재료를 기다리고 있는 모습을 차트에서 볼 수 있다. 조정을 기다리고 있는 자리에서 긴 장대 양봉이 나온 것이 예사롭지 않다. 어떤 기사가 나오는지 살펴보자.

〈서울경제〉 기사로, 제목은 '원희룡 "해외건설 근로자 소득공제 월 500만 원으로 상향"'이다(노해철 기자, 2023년 2월 10일). '원희룡 국토교통부 장관이 해외 건설 500억 달러 수주 목표 달성을 위해 중동 세일즈에 나선다'라는 문장으로 시작된다.

이어서 국토교통부가 보도자료를 통해 밝힌 내용을 소개했다. 2023

년 2월 24일부터 26일까지 원희룡 장관을 단장으로 한 '원팀코리아' 인프라 협력 대표단을 사우디아라비아·이라크·카타르 등 중동 3개국에 파견한다고 밝혔고, 이번 방문은 중동지역의 우리 기업의 수주 활동을 지원하고 사우디를 비롯한 중동지역 주요 인사들와의 네트워크와 인프라 분야 협력을 강화하기 위해서라고 보도했다. 기사의 마지막 단락은 이렇다.

"특히 야시르 알루마이얀 총재와는 모듈러주택 관련 실질적인 협력 방안을 모색한다. 이미 사우디 왕세자 방한 시 삼성물산과 PIF 간 모듈러주택협력 MOU가 체결된 바 있다. 이번에 보다 구체화된 MOU를 체결하면 한국의 모듈러주택이 네옴 등 주요 프로젝트에 활용될 수 있을 전망이다"라고 썼다.

한미글로벌의 주가 차트가 예쁘게 만들어지니 앞서 살펴본 내용의 기사들이 나오고 있다. 주식은 참 신기하다. 어떻게 저런 기사가 나올 것을 알고 기술적 흐름이 만들어지는지 감탄사가 절로 나온다.

결국, 주식은 누군가의 손기술에 의해 만들어져 간다는 것을 깨달아야 한다. 백날 실적 분석하고 신세타령을 해봐야 물거품이라는 것을 말이다. 주인이 만들어놓은 밥상에 숟가락만 얹는 기술을 배워야 한다. 혹자는 숟가락만 얹는 기술은 너무한 것이 아니냐 하고 반문을 하겠지만, 의리는 같이 지킬 때 의미가 있는 것이다. 상대가 내 호주머니에 든 것을 온갖 술수를 부려 빼앗으려는데 혼자서 막무가내로 당하는 것은 어리석은 짓이다.

주식 시장은 제로섬 게임이다. 인정사정 봐주질 않는다는 이야기다. 영하 30도의 냉혹한 현실을 지혜롭게 견뎌내고 이겨내는 자만이 달콤한 열매를 따 먹을 수 있다. 여기서 또 한 번 재료에 목숨 걸고 달려가는 그들을 따라가야만 돈이 된다는 것을 부정하려고 하면 안 될 것 같다.

Chapter 16

예측하는 재료는 없다!
그에 대한 매매 스타일은?

원수가 나타났다는 것은 인생을 바꿀 절호의 찬스다. 우크라이나와 러시아가 그런 것 같다. 분명 두 나라 중 한 나라는 찬스가 될 수 있는데 누가 물러서겠는가다. 이런 경우는 그리스신화에 나오는 이타카왕 오디세우스(전쟁의 신으로 유명한 그리스의 영웅)가 전쟁에 나갈 때가 떠오른다. 오디세우스는 아들을 맡길 때가 없어 고민하다가 지혜로운 노인인 멘토에게 맡기고 전쟁에 나갔다. 지금 우크라이나나 러시아는 멘토가 필요한 시점이다. 재료와 관련된 기사를 보면 멘토가 필요하다는 것을 알 수 있다.

'러시아 외무, 최근 우크라이나 상황 러시아-서방 진짜 전쟁'이라는 제목의 〈연합뉴스〉 보도 기사를 살펴보자(김상훈 기자, 2023년 1월 23일). 같은 내용의 보도가 SBS, MBC 등 다수의 TV 뉴스 프로그램에도 소개되었다.

러시아의 우크라이나 침공 1주년을 한 달 앞두고 러시아 최고위급 외교관인 세르게이 라브로프(Sergey Viktorovich Lavrov) 외무장관이 서방과의 진짜 전쟁이 시작됐다고 말했다는 내용의 기사다.

2023년 1월 23일 로이터 통신 등 외신 보도를 출처로 라브로프 외무장관이 남아프리카공화국을 방문해 "우리는 우크라이나에서 최근 벌어지는 상황에 대해 더는 하이브리드 전쟁이 아닌, 러시아와 서방 간의 진짜 전쟁이라고 한다"라고 밝혔다는 것이다. 이어 "서방은 수 세기 동안 우크라이나에 존재해온 러시아의 언어와 문화를 말살하고, 사람들의 모국어 사용을 금지하기 위해 오랫동안 준비해왔다"라고 말하고, 전쟁이 길어지는 원인을 서방의 탓으로 돌렸다고 전했다. 라브로프 외무장관은 또 "우크라이나가 평화협상에 대해 불분명한 태도를 보인다면서, 협상 거부가 길어지면 해결책을 찾기가 더 어려워진다고 경고했다"는 등의 보도다.

주식 시장에 테마가 이루어진 것은 모두 기사가 재료라는 말을 했다. 사실 주가를 띄우기 위해서 인위적 재료를 만들기도 한다. 그리고 재료가 뜨면서 주가를 움직이게 하는 힘이 있다는 것은 시장 참여자들은 잘 알고 있으리라고 본다.

우크라이나와 러시아의 전쟁이 우리 주식 시장에서 어떤 영향을 미쳤는가. 전쟁이 격화되었을 때는 우크라이나가 최대 곡물 지대였기에 식량 관련주인 미래생명자원, 고려산업, 한탑 등이 상한가를 만들었다.

전쟁이 길어지고 있고 종전도 휴전도 아직은 구체화된 부분들이 나오고 있지 않지만, 이런 기사들이 늘 나오는 것은 어느 선에서 적정선을 찾고 있는 것처럼 보인다.

그럼 전쟁이 끝나거나 휴전이 된다고 했을 때 주식 시장에서 반응할 종목은 어떤 것이 있을까. 이미 시장에서는 말을 하고 있다.

전쟁이 끝나면 파괴된 건물들을 다시 복구해야 한다. 그러므로 재건주들이 움직일 수 있다. 재건주와 관련한 종목인 대모, 유신, 희림, 현대에버다임, 도화엔지니어링들은 가능성 있는 기사가 나올 때마다 움직임이 나온다.

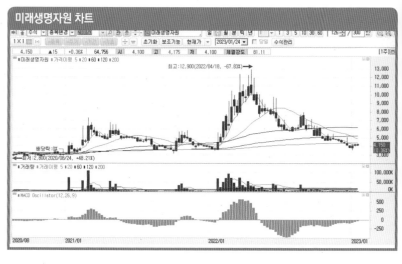

　　두 차트를 보자. 전쟁이 시작되면서 상한가를 친 식량 관련주들은 주
봉으로 봤을 때 역배열에서 무너지는 흐름을 보여준다. 하지만 재건 관
련한 종목 중 대장 역할을 잘하는 대모의 주봉은 정배열을 하고 있다.

시장은 참 묘하다. 신기한 것이 냄새를 잘 맡는다. 사냥개처럼 무엇인가 어떤 상황이 일어나기 전 차트를 보면 훌륭한 사냥꾼들이 그물을 착 쳐 둔 그런 모습이다.

이런 종목들의 매매 형태는 선취매가 필요하다. 베팅 강도는 많이 하면 시장의 쥐약을 먹을 수 있다. 그 때문에 소심한 매매를 해도 상승 폭이 상당히 크게 나올 수 있다는 말이다. 매매 시 비중 조절이 무엇보다 중요하다.

비중 조절은 계좌관리를 하는 데 가장 중요한 부분이라 열 번 강조해도 손색이 없다. 주식 시장에서 "열 번 잘하다가도, 한 번 잘못하면 계좌가 깡통이 된다" 그러나 "열 번 잘못하다가도 한 번 잘해서 대박이 날 수 있다"는 것도 모두 비중 조절에서 나오는 비법이다. 그만큼 단기 트레이딩에서는 비중 조절이 너무 중요하다.

인생 역전의 종목은 직접 눈으로 보고 주가를 띄우기 위해서 입장하는 선수들의 의지를 호가창을 통해 확인해야 한다. 그 후 재료의 무게도 재어 보고 기술적으로 얼마나 차트를 공들여 만들었는가도 살펴봐야 한다. 그러면서 90% 이상이라는 확신이 들었을 때, 한 번 몰빵을 시도해보는 것이다. 여기서 몰빵했을 때는 반드시 선택에 대한 책임을 생각해야 한다는 점은 명심 또 명심하기 바란다.

선취매 종목들은 눈으로 보고하는 매매와 차이가 있다. 선취매 종목은 모두 결말이 해피엔딩이 될 수 없지만, 50%라는 확률 게임이다. 재료에 따라서 차이가 있을 수 있고 현재 파동이 어떻게 진행되었는지에 따라서 리스크가 있는지, 없는지 알 수도 있다.

파동이 이미 나온 고점에서 홀짝 게임은 상당한 리스크가 발생하지만, 주가가 바닥을 형성하고 지지라인을 만들고 있다면 선취매 종목에 도전해볼 만하다. 또한 운이 필수로 따라주어야 하기에 로또 같은 것이라고 봐도 무난한 형태다.

가령 '전쟁이 종식되었다'라는 뉴스가 장중에 나오면 순간 급등이 나올 수 있다. 하지만 주식 시장이 끝나고 전쟁이 종식되었다는 내용이 저녁 9시 뉴스에서 도배한다면 바로 다음 날 기본 20%는 들고나온다. 그래서 시장이 더 불이 붙는다면 쩜상도 가능하기에 손대지 않고 코를 푸는 형국이 될 수 있다.

재건 관련주들이 이제 누군가에게 행운의 열쇠를 가져다줄 시간이 가까워지고 있는 것 같다.

Chapter 17

재료도
패션이다

지구상에서 아마겟돈(인류 최후 대전쟁)이 일어날 수 있을까?

우크라이나와 러시아의 전쟁이 장기화하면서 주식 시장에서 방산주들의 흐름이 바뀌고 있다. 과거 북한이 동해상으로 미사일을 쏘거나 핵 실험을 하거나 했을 때 어김없이 방산주의 대명사, 빅텍을 비롯해서 스페코, 휴니드 등 관련주들이 장중 20% 넘는 급등을 연출했다.

그러나 우크라이나 전쟁 이후는 북한이 미사일을 쏘아대도 방산주들이 꿈쩍도 하지 않는다. 주식 시장에서도 세대교체가 되어서 그런지 전쟁에 대해서 무감각해진 것 같다. 설마 전쟁이 나겠느냐의 생각들이 팽배해져서 그런지 얼마 전까지 호들갑스러웠던 반응이 그냥 무덤덤하다고 하는 표현이 맞는 것 같다.

불과 십몇 년 전, 2010년 때만 하더라도 해상 분계선(NLL)을 북한이 넘어왔을 때 장중 종합지수가 100포인트까지 빠진 적이 있었다. 당연히 방산주는 급등이었고, 그때를 생각하면 잠시나마 아찔하다.

다음 기사 내용을 보고 방산주의 흐름이 바뀐 예를 보도록 하자. 〈동아일보〉에서 보도된 '바이든 "아마겟돈 올 수 있다"… 푸틴의 핵위협에 경고'라는 기사다(문병기 특파원, 2022년 10월 8일).

기사는 조 바이든 미국 대통령이 뉴욕에서 열린 민주당 선거자금 모금 행사에서 러시아의 '핵 위협'에 대해 "쿠바 미사일 위기 이후 처음으로 핵무기가 사용될 직접적인 위협이 있다"라며 "아마겟돈(인류 최후 대전쟁)이 올 수 있다"라고 밝혔다는 것이다.

"쿠바 미사일 위기 이후 아마겟돈의 전망을 맞게 된 적이 없다"라며 "전술핵무기를 사용해 놓고 아마겟돈으로 끝나지 않는 능력 같은 것은 없다고 생각한다"라고 말했다는 내용을 전했다. 러시아의 핵 위협을 1962년 미국과 소련이 핵전쟁 직전까지 치달았던 쿠바 미사일 위기에 비유하며, 러시아가 실제로 핵무기를 사용할 가능성이 있다는 우려를 처음으로 밝힌 것이라고 풀이했다.

이 때문에 미국이 러시아의 핵무기 사용 징후를 파악한 것 아니냐는 해석이 나오고 있으며, 그동안 러시아의 핵 사용 시나리오를 검토해온 바이든 행정부는 푸틴 대통령이 우크라이나 전쟁 패배가 확실해지면 전술핵무기 사용 등을 고려할 수 있다고 우려해왔다고 전했다.

바이든의 아마겟돈 최후의 전쟁터 인류 멸망인 3차대전 핵전쟁이 언급되면서 주식 시장에서도 총이나 탱크를 만드는 방산업체는 핵무기와 비교할 수 없는 무기로 전락하게 된다.

핵무기를 사용하면 전 인류가 멸망하는 것은 불 보듯 뻔한 일인데 주식 시장에서 테마가 되는 것이 얼마나 어리석은 일인가. 하지만 주식 시장은 항상 살아남는 베스트의 경우에서 움직인다고 보면 된다. 가령 핵을 쏜다고 해도 전술핵 정도로 보고 그렇게 되었을 때를 가정하는 것이다.

전술핵은 전략핵보다 위력이 약하다. 목표물만 공격하기 때문에 전술핵을 쏘았을 때 주변이 피해를 볼 수 있지만 이런 경우에 대비한 테마를 만든다는 것이다. 핵무기를 사용했을 때 방사선 피폭에 대비한 의약품인 요오드 관련주들이 시장에 등장하게 된다. 관련주들은 대정화금, 대봉 엘에스, 한창산업, 한컴라이프케어 종목들의 움직임을 보여주었다.

다음 두 종목을 비교해 보면 방산주들의 바뀐 패션을 이해할 수 있다.

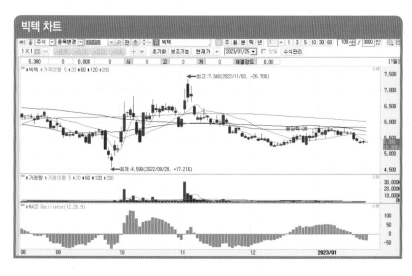

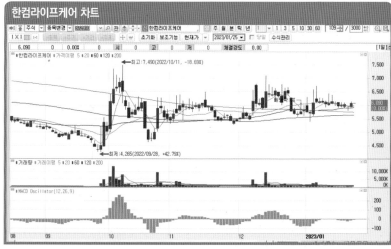

Chapter 18

때로는 배짱이 세력을 이긴다!
재료의 여운이 있을 때는?

주기적으로 움직이는 테마가 있다. 대선주들은 주식 시장에서 변하지 않는 테마다. 그와 관련된 종목의 대선 주자가 계속 대권에 도전하는 의지가 있는 종목이라면, 시간은 걸리더라도 배짱을 한 번 부려볼 만도 하다.

대선주들은 주식 시장에서 세력이 만드는 것이다. 대선에 출마하는 대권 주자의 의지와는 상관이 없다. 투자자들이 그 대권 주자를 좋아한다고 해서 그와 관련된 종목을 매수하는 것도 수익을 내는 데는 무리가 있다.

대선주들은 때론 황당할 때도 많다. 한 대권 주자가 여론에서 지지율이 높아지면 그 대권 주자의 인맥을 총동원하고 거기다 사돈의 8촌까지도 연관성을 찾아 주가를 움직이려고 하는 의지가 너무나 강하다.

2022년은 대통령이 5월 취임 이후 바로 대권 관련 종목이 나왔다. 보통 대통령 취임 후 2년 3년이 지나고 나면 레임덕이 올쯤 대선주들이 나오는데, 2022년은 한동훈 법무부 장관 관련된 종목들이 대거 쏟아졌다.

대표적인 기업은 오파스넷, 오리콤, 노을 등이다. 대부분 학교 동창, 같은 성씨, 사법연수원 같은 동기 그런 식이었다. 본인이 대선에 출마한다는 한마디의 말도 없었고, 대선도 4년이나 남아 있는 기간에 너무 황당했으나 눈여겨볼 만하다. 미리 투자자에게 각인시키는 것 같다는 느낌이었다.

2023년 3월 8일 국민의 힘이 당 대표를 선출한다. 안철수 대권주자는 늘 대선에 출마 선언을 하기에 그와 관련된 종목들은 설령 고점에 매수되었다 하더라도 버티면 그 전 고점도 벗기는 형태도 보여준다. 기사 하나에 상한가를 간 안랩을 보도록 하자.

'안철수 당대표 여론조사 우위에…안랩 상한가'라는 제목의 〈한경

정치〉기사(이태훈 기자, 2023년 1월 25일)다. 기사는 나경원 전 의원이 전당대회에 출마하지 않을 것이라는 소식이 알려지자, 안철수 의원의 당 대표 당선 가능성이 높다는 전망이 나와서, 안랩 주가가 상한가를 기록했다는 내용이다. 안 의원은 안랩 창업자이자 최대 주주로, 기사가 보도된 날 안랩은 29.91%가 오른 9만 1,200원에 거래를 마쳤다. "7만 원대로 출발한 주가는 나경원 전 의원이 전당대회에 출마하지 않을 것이란 소식이 알려진 오전 10시께 8만 원을 돌파했고, 오후 1시20분께 가격 제한폭까지 뛰어오른 뒤 장 마감 때까지 가격을 유지했다"고 전하며, "안랩은 대표적인 정치 테마주로 꼽힌다. 지난해 3월 23일 안 의원이 윤석열 정부 초대 국무총리가 될 것이란 기대에 사상 최고가인 17만 5,800원까지 뛰었다. 이후 안 의원이 총리직을 고사하며 급락했다"라고 기사를 끝맺었다.

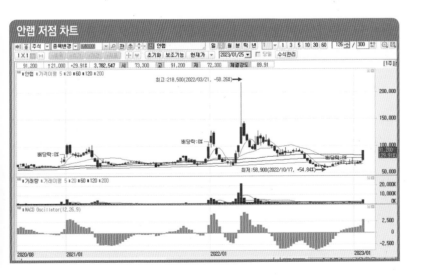

안랩 저점 차트

안랩의 주봉을 보면 21만 원 고점에서 58,000원까지 밀었다. 다시 상한가 한방이 나오면서 9만 원대로 올려놓았다. 당 대표 재료도 있고 다음 대선에 대한 기대감도 있다. 이제 바닥을 뚫고 올라왔으니 뚝심과 배짱으로 견디면 고점도 노려볼 만하지 않나 싶다.

대선주는 반드시 대권주자의 대권에 대한 의지와 상관관계가 있다. 대권주자가 살아 있다면 반드시 그와 관련성이 있는 종목은 죽었다가도 다시 살아난다. 대선주가 죽었다가 팔딱거리는 이유는 세력들이 '친절한 금자씨' 역할을 한다는 것이다. 주식 시장의 테마주가 모두 살아남을 수 없지만, 대선주는 유일하게 시간을 기다리면 기회를 준다.

아직 움직임이 없는 대선주가 있다면 "남들이 포기하고 보지 않을 때" 바닥에 사서 1년만 기다려 보자. 100%에서 200%의 거뜬한 수익을 내줄 것이다.

Chapter 19

눈에 보이는 차트가
답이 아니었다

코오롱 티슈진, 신라젠, 오스템임플란트는 많이 들어본 종목이다. 주식 시장에서 한때 시장을 주름잡았던 종목들이 어느 날 갑자기 악재를 맞고 거래정지가 된다면 상상만 해도 끔찍할 것 같다. 만약에 신용 미수까지 사용했다면 지옥이 따로 없을 것이다. 주식 시장은 지뢰밭이라는 것을 또 한 번 명심해야 한다.

신라젠과 코오롱 그리고 티슈진은 3년 동안 감옥 생활을 하고 겨우 탈출해서 지금은 집행유예 기간이라 관리 종목군으로 가 있다. 이 종목을 보유했던 투자자들의 속은 어떠했을까를 생각하면 남의 일처럼 느껴지지 않는다.

아프리카 늪에 1명의 여자와 10명의 남자가 빠져 허우적거리고 있었다. 살려달라고 고함을 쳤는데 마침 그 위를 지나가던 헬리콥터가 늪에 빠진 그들을 발견했다. 그리고 늪에 빠진 그들에게 헬리콥터에서 밧줄을 내려 주었다. 그러자 11명이 모두 밧줄에 매달렸다. 그런데 그 밧줄은 10명밖에 매달릴 수가 없는 밧줄이었다. 누군가 1명은 그 밧줄에서 손을 놓아야만 했다.

그때 1명의 여자가 "제가 내리겠습니다"라고 말을 하자마자 10명의 남자들이 좋아서 손뼉을 치다가 밧줄에서 떨어져 다시 늪 속에 빠져 버렸다.

이 이야기는 슬프지만 주식 시장의 지혜가 담겨 있다고 생각한다. 주식 시장은 그만큼 살벌한 곳이다. 내가 죽지 않기 위해서는 누군가가 죽어야만 하는 곳이다. 자신이 보유한 종목이 감옥에 들어가고 심지어 퇴출당할 때까지 그냥 내버려 두는 강심장은 도대체 무슨 배경을 믿고 있는지 투자자에게 반문하고 싶다.

자고 나서 뒤통수 맞는 예도 있기는 하다. 내재가치가 좋고, 기술적 흐름이 좋고 외인 기관도 매수해주어 매수 주체가 뚜렷해 마음 놓고 보유하고 있었는데, 직원이 횡령해서 '억' 소리가 난 오스템임플란트 같은 종목도 있다.

결과론적으로 보면 오스템임플란트는 억세게 운이 좋은 종목이라고 보면 된다. 갑자기 5개월 동안 자금이 묶여서 상장폐지 되면 어떻게 하나 노심초사(勞心焦思)였을 텐데, 인생은 새옹지마(塞翁之馬)라는 말이 떠오르게 하는 종목이다.

경영권 분쟁은 반짝하고 뜬소문에 의해서 많이 움직인다. 그동안 경영권 관련해서 움직인 종목들을 보면 화천기계, 영풍정밀, 고려아연 같은 종목들이 있었으나 상승은 해도 미적거리는 경우가 대부분이었다. 한진칼은 그래도 강하게 붙은 경영권 분쟁이라 주가가 300% 이상 상승했다.

그 당시 한진칼의 월봉 차트를 보면 쉽게 이해된다.

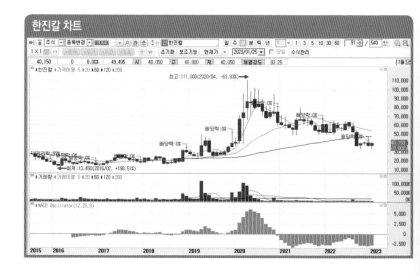

오스템임플란트의 기사 재료를 살펴보자.

국내 1위 치과 임플란트 회사인 오스템임플란트에 대한 공개매수 성공 가능성에 시장의 관심이 쏠리고 있다. 국내 사모펀드(PEF) 운용사인 유니슨캐피탈코리아(UCK)와 MBK파트너스가 추진하는 이번 공개매수는 그동안 최대주주에게만 돌아가던 경영권 프리미엄을 소액주주에게도 똑같이 나눠주는 게 특징이다. 거래가 성사되면 내년도 의무공개매수제도 시행을 앞두고 최대주주와 소액주주가 '윈윈'하는 성공적인 기업 인수합병(M&A) 사례로 기록될 전망이다. 오스템임플란트 주가는 공개매수가 발표된 25일 14.65% 오른 주당 18만 6,300원에 장을 마쳤다.

동종 업계 내에서도 선진국 비교기업과 비슷한 수준으로 가치가 책정됐다. 주당 19만 원 기준으로 오스템임플란트의 기업가치(EV·차입금 포함)는 약 2조 9,450억 원. 지난해 3분기 말 기준 상각전영업이익(EBITDA)의 12배다. 경쟁사 덴티움은 같은 기간 EBITDA의 8.3배에 거래되고 있다. 미국의 치과 장비·재료업체인 엔비스타와 헨리셰인 등은 EBITDA 대비 기업가치가 각각 13.3배, 11.0배에 거래되고 있다.

공개매수 성사 여부는 기관에 의해 결정될 전망이다. 주가가 19만 원에 이미 근접한 만큼 개인 투자자들은 공개매수가 끝나는 2월 말까지 기다리지 않고 대부분 차익 시현에 나설 것으로 보이기 때문이다.

오스템임플란트는 외국인 지분율이 26%에 달한다. 대부분 기관 투자가다. 7.18%를 보유한 라자드 에셋 매니지먼트가 대표적이다. 이어 행동주의 펀드인 KCGI(강성부펀드)가 6.57%, 국민연금과 KB자산운용이 각각 5.04%를 보유하고 있다.

'소액주주도 경영권 프리미엄 준다…오스템 파격 공개매수 성공할까', 〈한국경제신문〉, 김채연·이동훈 기자, 2023년 1월 25일.

이런 기사 재료에 의해 오스템인플란트 주가가 15% 갭을 들고나와서 하루종일 그 가격을 벗어나지 않는 강함을 보여주었다. 고통스러웠던 한순간이 물거품처럼 지나고 경영권 분쟁이라는 하나의 재료가 오스템임플란트를 살리고 있다. 그래서 주식은 귀신도 모른다는 소리를 하나 보다.

달마대사를 혜가라는 사람이 찾아갔다. 그러나 쉽게 달마대사는 만나 주지 않았다. 눈이 오는 추운 겨울 혜가는 달마대사가 방에서 나오기를 밤을 새우며 기다렸다. 다음 날 아침이 되자 달마대사가 방문을 열고 나왔으나 혜가를 쳐다보지도 않았다. 혜가는 달마대사에게 자신의 진심을 보여주기 위해 칼을 빼 들고 자신의 팔을 내리쳤다. 그러자 혜가의 핏방울이 눈 위에 뿌려졌다. 그때야 달마대사는 혜가를 자신의 방으로 들어오라고 하면서 무엇 때문에 자신을 찾느냐고 물었다. 그러자 혜가는 자신이 고통이 많다고 말했다. 그때 달마대사가 그럼 네가 가지고 있는 괴롭고 고통스러운 것을 내가 볼 수 있도록 손바닥 위에 올려 보여주도록 했다. 그러자 혜가는 당황했다. 달마대사는 말을 잇기를 형체가 없는 것을 너는 형체가 있다고 하면서 왜 고통스러워하느냐고 했다.

보이지 않았던 고통에서 탈피하는 오스템임플란트의 고공 행진하는 일봉의 차트를 보자. 비상의 날개를 달고 힘껏 날아갈 것 같다.

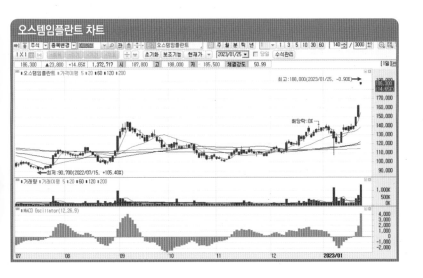

Chapter 20

차트 만드는 매집 이후는
재료로 호객행위를 한다

 세력들이 주가를 띄우기 위해서 가장 어려워하는 것이 매집이라고 한다. 주가를 띄우는 것은 돈으로 충분히 할 수 있다. 하지만 물량이 없어서는 주가를 내리고 올리고 하는 작업이 원활하게 이루어지기가 어렵다.

 그런데 코스닥 시장에 상장된 종목 중 80% 이상을 개인 투자자들이 들고 있다. 개인 투자자들은 주가가 내리면 내릴수록 매도키를 잘 누르지 않는다. 그러나 많이 내렸던 종목이 급등하거나 상한가를 만들어주면 손실이 좀 있더라도 그동안 손실로 고생하다 보니 지겨워져 던져버린다.

종목이 급등하거나 상한가를 만들면 주식 시장의 하이에나들이 달려든다. 자연스럽게 손 바뀜이 나오고 그것을 이용해서 세력들은 물량을 확보한 후 기술적으로 매집봉이라는 것을 만들어놓는다.

매집봉은 그 순간은 판단하기 어렵다. 어느 정도 시간이 지나고 나서 차트를 보면 분명히 더 추가 하락을 해야 하는 상황이고 별 뉴스거리도 없는데, 자연스러운 차트봉을 만들어놓았다면 그것을 매집봉이라 할 수가 있다.

과거에는 세력들이 한 종목에 텐버거(Tenbagger, 투자자가 10배의 수익률을 낸 주식 종목)를 만들기 위해 1년 동안 매집을 했다. 차트가 낭떠러지로 떨어져 넝마로 아무도 쳐다보지 않을 때, 세력들이 바구니에 담았다. 그 후 주가를 10배 정도 띄우고 꼭지에 일반 개미에게 물량을 넘긴 다음 사라지는 그런 매매는 '먼 옛날 호랑이 담배 피우던 시절' 이야기다. 지금은 세력들이 빨리 치고 빠지기 때문에 오히려 단기적으로 수익 구조를 형성하는 데 도움을 주고 있다.

현재 상한가 제도는 30%다. 상한가를 두 번만 만들어도 상당한 수익이 발생한다. 여기서 세력들이 가장 고심하는 부분은 매집도 중요하지만, 높이 띄운 주가를 누군가에게 넘겨주어야 한다는 것이다. 그러나 세력들은 많은 무기를 가지고 있다. 자금력도 개인 투자자들보다 훨씬 좋고, "진정성이 없는 주가의 내용도 잘 포장을 해서" 뉴스를 만들고 개미들을 유혹하는 재주가 뛰어나다.

특히 기술적 흐름 차트에 목숨을 거는 개인 투자자들을 위해 세력들은 그 차트를 포장해 개인들을 속이는 데 천재다. 주식 교과서에 나와 있는 거래량과 캔들의 모양들을 잘 만들어두고 재료를 오픈하지 않는다. 그 상태에서 재료를 끌고 가면서 유인 작전을 하는 경우가 있기 때문에 대부분 말려들게 된다.

주가를 띄우는 모습도 보면 다양하다. 단번에 끝내지 않는 종목들은 바닥에서 상한가 한방을 만들고 재료 가치가 살아 있다면 긴 시간의 눌림 형태로 끌고 간다. 그 후에 재료가 나오는 시장 분위기를 살피다가 또다시 상한가를 만들면서 추세선을 그린다.

2023년 1월은 테마가 챗봇으로 시작해서 로봇 테마로 그리고 인공지능 AI로 확산했다. 그중 챗봇 관련주인 씨이랩도 첫 상한가로 얼굴을 내밀었다. 씨이랩은 한 달 넘게 횡보의 눌림을 주다가 시장 분위기가 주가와 관련성 있는 테마가 강해지니 바로 상한가를 만드는 모습을 보여주었다.

씨이랩의 차트를 보면 요즘 유행하는 매집봉의 형태와 추세선을 살리기 위한 짧은 눌림 형태를 볼 수 있다. 그리고 메타버스의 대장 격인 선익시스템도 매집봉과 추세선을 살리기 위한 눌림의 지지라인도 역력하다.

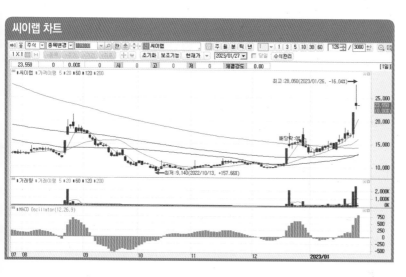

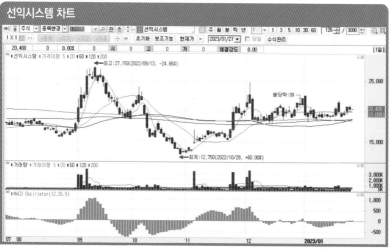

Chapter 21

세력들의 일분봉 형태는 무조건 성형이다

주식을 매매할 때 그 기준이 주식 투자자마다 다를 수가 있다. 단기 트레이딩을 하는 투자자는 반드시 그날 주가의 일봉 자리를 확인하고, 일분봉을 보고 매수, 매도 자리를 잡아야 한다.

일봉은 하루에 만들어지는 캔들이라면 일분봉은 1분에 하나씩 만들어지는 캔들이다. 더러 3분봉을 본다, 10분봉을 본다, 하는 투자자도 있는데 그것은 투자 방법에 따라 달라진다. 즉, 중기 투자냐, 장기 투자냐, 단기 투자냐에 따라 다르다.

단기 트레이딩을 하는 투자자는 3분이나 10분에 한 번 만들어지는 캔들보다 더 빨리 만들어지는 일분봉 캔들의 모습과 일분봉을 가지고 만들어지는 파동에 익숙해야 한다.

세력이 주가를 움직일 때는 주가의 흐름이 엄청난 속도로 빠르게 움직이기 때문에 쉽게 접근이 어려울 때가 많다. 오전 9시, 장 시작과 동시에 수급이 형성되어 있는 종목은 "번갯불에 콩 볶아 먹듯이" 설쳐댄다.

이런 종목은 시초가 매매로 많이 등장한다. 일봉은 정배열 상태든 아니면 역배열이든 간에 무조건 긴 장대 양봉의 형태를 갖추고 있다. 누가 보아도 일봉 모양은 흠잡을 데 없이 예쁘다. 거기다 아침 일찍 재료까지 붙여준다. 순식간에 상한가를 올리는 일분봉의 모습을 차트를 통해 보도록 하자.

위니아의 2022년 12월 6일 일분봉 모습이다.

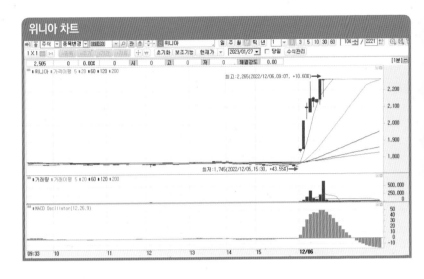

단, 7분 만에 깔끔하게 상한가 문을 닫았다. 그날의 재료는 이것이었다. 종속회사 위니아에이드가 애플페이 출시 기대감 속에서 애플 공식 서비스센터를 운영 중이라는 점이 부각되며 상한가를 기록했다는 것이다. 〈머니S〉는 '[특징주] 애플페이 도입 앞두고 위니아·위니아에이드, 주가 급등'이라는 제목의 기사를 보도했다(송은정 기자, 2022년 12월 6일).

특별한 재료라기보다 그날 시초가 매매의 주식 시장의 주인공이 되었다고 보면 된다. 이런 매매는 기술력이 필요하다. 기사를 빨리 체크해야 하고, 순발력 있게 따라잡는 기술까지 보유해야 한다. 그러려면 훌륭한 목수가 좋은 연장을 쓰는 것처럼, 상당한 연습 매매가 진행되어야 하고 내공도 필요하다.

그런데 상승장에는 반드시 주도주가 있다. 주도주가 만들어지면 그 주도주에서 일분봉을 보고 매일 단기 트레이딩을 하면 된다. 주식을 보유해서 가져가는 것보다 훨씬 더 수익률이 크고 리스크도 줄어들 수 있다.

주도주들은 단기적으로 많이 상승하기 때문에 단기 고점 부분에서 끌고 가는 매매는 부담스러울 수가 있다. 하지만 단기적으로 상승을 해도 5일선 기준을 지키면 그날의 일봉을 보고 일분봉 매수 자리를 잡아줄 수 있다.

단기적으로 상승을 많이 한 종목은 카멜레온처럼 캔들이 변한다. 음봉이 양봉으로, 양봉이 음봉으로 변하면서 흔들기를 많이 한다. 이때 양봉에서 음봉으로 변하는 형태보다 음봉에서 양봉으로 변하는 형태를 찾는 연습을 해야 하는데, 여기서 일분봉의 위치에서 잘 알 수가 있다.

일분봉의 위치는 반드시 5일선 위에서 움직일 때 음봉에서 양봉으로 변하는 경우가 많다. 양봉이 지속될 때는 변화가 생긴다. 5일선을 타고 가는 종목은 대부분 급등주들이 많고 시장에서 그때의 주도주 역할을 한다. 그리고 오후 장에서 2시 이후 일분봉이 정배열이 되면서 멋진 파동이 만들어진다.

2022년 1월은 인공지능, 챗봇, 로봇 테마들이 '묻지 마'로 움직였다.

급등주들은 조정을 주겠지 하면 기다리는 조정을 절대 주지 않는다. 대부분 장중 조정으로 끝나는데, 그 장중 조정이 바로 음봉에서 양봉으로 카멜레온처럼 움직인다.

카멜레온처럼 변할 때는 상승 폭이 마이너스에서 기본 10%, 많게는 30%까지 가는 경우도 허다하다. 이처럼 수익률이 지옥과 천국이 오가는 형태가 많이 나온다.

이렇듯, 주식이 테마 중에서 대장 역할을 하는 종목들이 광기의 형태를 보여준다. 때문에 타이밍을 맞추어서 일분봉 차트가 고개를 들고 정배열을 맞추고 양복 캔들을 연속적으로 만들어주면 가능성이 높아진다.

2023년 1월, AI 대장주였던 코난테크놀러지의 일봉과 일분봉의 차트를 보면 좀 더 쉽게 이해할 수 있다. 코난테크놀러지는 오후 장 2시 30분 전까지 전일 대비 4% 정도 빠진 상태를 유지하다가 2시 33분부터 전일 종가를 벗기고 무서운 속도로 상승세를 몰아가서 -7%에서 +27.43%까지 급등을 연출했다. 이런 패턴은 주식 시장의 '묻지 마 종목'에서 잘 나오는 모습들이다. 익혀두고 물량 조절만 잘하면 쉽게 승부를 볼 수 있는 유형이다.

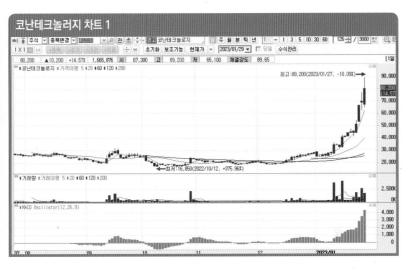

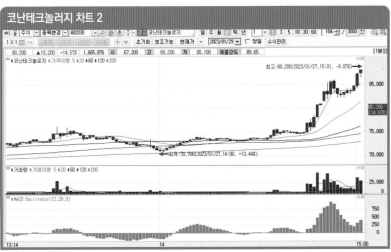

Chapter 22

돈 많은 세력이 많을수록
패턴 매매는 풍성하다

　수급 종목 중에서 세력이 상승시키고자 하는 주식은 상승장이든, 하락장이든 상관없이 무조건 상한가를 만든다. 그런데 상승장과 하락장에서 주가를 상승시키는 방법에는 차이가 있다. 하락장에서는 주가를 상승시키는 형태가 무척 가파르고 상승 이후의 지지력도 약하다. 그리고 상승을 시키는 시간대도 시초가나 오후 장 3시가 가까워지면서 얼마의 돈을 들이지 않고 주가를 띄우려는 의도로 움직이는 경향이 있다.

　거래대금을 늘리면서 점진적 상승을 시키는 형태는 하락장에서는 흔하지 않다. 그러나 상승장이나 하락을 멈춘 시장에서는 볼 수 있는 매매 형태다. 다시 말하면, 하락장에서는 하루 매매 중 시간대가 반짝하고 끝난다면 상승장에서는 시초가 매매, 장중 매매, 오후 장 매매가 다양하게 나온다.

하락장에서 잘 볼 수 없는 장중 매매는 시초가 매매가 9시에서 9시 30분에 진행되고, 오후 장 매매는 오후 2시 이후부터 만들어진다. 그리고 장중 매매는 대략 오전 11시에서 오후 1시 사이에 많이 나온다. 장중 매매가 진행되는 종목의 특징은 반드시 재료를 안고 나온다. 그 재료의 위력에 따라서 일분봉 호가가 10호가 이상 뛰는 것은 당연하다.

그래서 일분봉이 긴 장대 양봉을 만들어서 일봉의 형태를 완전히 바꾸고, 호가창을 보면 엄청난 수급이 물밀듯이 들어오는 것을 볼 수 있다.

이때는 아무리 호가창을 잘 못 보는 초보자라 하더라도 알 수가 있다. 물량을 잡는 속도도 빠르고 물량 단위도 저가 종목은 몇만 주 단위다. 고가 종목일 경우는 몇천 주씩 연속성 있게 물량이 들어오고, 그때 일분봉을 보면 거침없는 정배열의 파동이 진행되고 있음을 알 수 있다.

장중 매매는 오전 장에 시장을 주도하는 종목의 힘이 약해질 때 자주 나오는 형태다. 장중 매매는 시초가 매매처럼 바로 매수가 들어가면 안 된다. 어긋난 타이밍을 잘 못 잡으면 불행한 매매가 될 수 있다. 장중 매매는 재료의 크기를 보고 바로 따라잡을지 그렇지 않으면 일분봉 눌림을 노릴 것인지를 고민해야 한다.

어떤 경우는 재료를 띄우고 단 1분 만에 20% 가까운 상승을 시킨 후 엄청난 물량을 쏟아붓는다. 이런 종목들은 대부분이 한 번 써먹었던 재료를 재탕하면서 나오는 현상이다. 이런 종목들은 주의가 필요하고 무조건 따라가면 안 된다.

그런데 재료를 내고 그날 주가가 큰 피뢰침을 달고 밀린다고 하더라도 그다음 날부터 일봉 차트를 만든다면 그 구간이 매집될 수도 있다. 주식 시장에서 세력들이 매집을 어려워한다고 했다. 특히나 하루 거래량이 얼마 안 되는 종목들은 정말 매집이 어렵다. 2023년 1월 18일 세력들이 재료를 띄우고 매집봉을 만든 대류제관의 뉴스를 보자.

〈이데일리TV〉에서 '[특징주] 대류제관, 부탄가스 파열방지 의무화 시행…폭발방지 특허 20건 보유 부각 강세'라는 뉴스가 보도되었다(이지은 기자, 2023년 1월 18일)

주식 시장에서 대류제관이 강세를 보인다며, 산업통상자원부에서 국내 판매용 부탄캔에 파열방지 기능을 갖추도록 의무화한 사항이 시행한다고 발표한 것이 폭발방지 특허 20건을 보유한 대류제관에 관심이 집중되게 한 것으로 풀이했다. 그날 대류제관은 오후 2시 35분에 전일 대비 3.10% 오른 4,650원에 거래되었다. 움직인 일분봉을 보면 좋은 예가 된다.

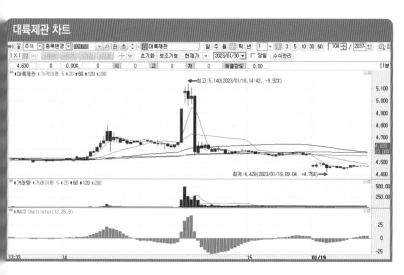

대륙제관 차트

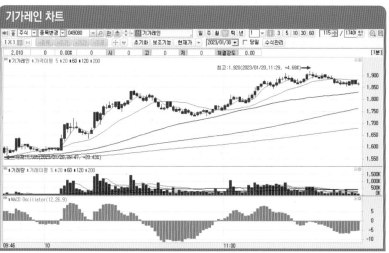

기가레인 차트

이번에는 기가레인의 재료와 차트를 살펴보자. 대륙제관의 일분봉과 달리 기가레인은 장중 매매에 해당하는 기법으로 오전 11시 전후로 재료를 부각시키고, 일봉의 모습은 긴 양대봉을 만들었다.

'[특징주] 기가레인, 삼성전자 日 KDDI와 '맞춤형 5G' 검증 성공⋯ 5G 장비 공급사 부각'이라는 제목으로 〈머니S〉에서 보도된 내용을 살펴보자(이지윤 기자, 2023년 1월 20일).

삼성전자가 일본 이동통신사업자 KDDI와 5G 단독모드(SA) 상용망 환경에서 '네트워크 슬라이싱' 기술 검증에 성공했다는 소식에 기가레인의 주가가 상승세를 띈다는 내용이다. 20일 오전 10시 3분 기가레인은 전 거래일 대비 30원(1.92%) 오른 1,590원에 거래되었다.

5G 네트워크 슬라이싱 기술은 물리적인 이동통신망을 다수의 독립된 가상 네트워크로 나누는 것이다. 삼성전자는 2020년에 세계 최초로 시연에 성공했고, 2023년 1월에는 일본 도쿄 시내의 5G 상용망에서 기술 검증에 성공한 것이다. 본격적인 상용화에 한 걸음 더 다가섰다는 평가를 받으며 2020년 말부터 삼성전자 네트워크 사업부에 5G 기지국용 안테나 · 필터 모듈을 공급하고 2021년 삼성전자의 북미 5G 장비 단독공급사로 선정된 기가레인에 매수세를 몰리게 한다고 풀이했다.

Chapter 23

세력이 매수,
매도하는 방법은?

주식은 상당히 단순한 논리로 되어 있다. 횡보 구간도 있지만, 주된 싸움은 상승 아니면 하락 두 구간에서 일어난다. 그래서 주식 투자자라면 저점 매수, 고점 매도를 해야 한다는 것을 누구나 다 알고 있다. 그런데 아이러니하게도 그것이 어렵다.

"주식은 매수는 기술이고, 매도는 예술이다"라는 말이 있다. 그만큼 매도가 어렵다는 이야기다. 그래서 세력들이 언제 매수하고, 언제 매도하는지를 알아볼 필요가 있다. 물론 주가의 방향이 어떻게 진행되는지, 기술적 차트에 따라서 차이가 있다.

예를 들어 세력들이 물량을 확보하는 구간에서 호가창을 보자. 공매도를 치는 호가창처럼 '위에서 물량을 누르고 다음에서 물량을 받쳐두면' 놀란 개인들이 위에 놓인 많은 물량을 보고 던지게 하는 수법을 쓴다. 그런 모습이 호가창에 주가가 하락하고 있다면 세력들은 물량을 손쉽게 싼 가격에 담을 수 있다. 또는 재료를 띄운 후 상한가를 만들거나 급등 후 흘러내리게 되면 자연스럽게 고점에 매수한 물량과 묶여 있던 물량들이 나오게 된다. 이때 세력들의 매수 기준은 파란불이 된다.

그런데 매집 이후 주가를 띄울 때는 반드시 주가가 빠져 있는 파란불에서가 아니라 상승할 때도 물량을 잡아준다. 그렇게 해도 '밑에서 매수하는 물량'이 '위에서 매수하는 물량보다 많고', '밑에서 매수한 물량을 던지면서, 위에서 매수 해주기' 때문에 이익을 실현하면서 진행된다. 세력들만의 계산법은 이렇게 지능적이다.

호흡이 길면 대체로 수명이 길다. 호흡과 맥박은 일치하는데, 〈토끼와 거북이〉 경주를 예를 들어보자. 우리는 토끼가 교만해서 거북이에게 경주에서 이기지 못했다는 교훈을 들었다. 하지만 실제는 토끼의 호흡은 거북이보다 짧다. 그래서 경주에서 진 것이다. 거북이를 장수의 상징으로 보는 이유는 거북이가 호흡이 길기 때문이다. 그런데 여기서 호흡이 길다고 집착이 강하면 안 된다.

호흡이 긴 차트는 5일선을 따라가면서 오르락내리락 상승한다. 5일선 매매는 언제 고점을 만들지, 특히 세력주에서는 어렵다. 기관이나 외인이 주축이 되어 끌고 가는 5일선 매매는 매도도 어렵지 않다. 5일선이 깨지는 것을 보고 단박에 매도해도 큰 타격을 받지 않는다는 것이다. 하지만 세력주는 5일선을 가파르게 각도를 세워 상승시키기 때문에 상한가를 보낼수록 더 겁을 먹게 된다. 왜냐하면 갭 하락도 시킬 수 있기 때문이다.

세력주에서 갭 하락은 이미 그들이 어느 정도 주가를 상승시키면서 차익을 실현했다고 봐도 무관하다. 세력들은 주가를 높이 띄운 후에는 절대로 손실 보고 던지지 않는다. 주가를 올리면서 매도가 어느 정도 되었기에 5일선을 깨고 갭 하락을 시키는 것이다. 세력들이 주가를 상승시킨 차트가 5일선을 깬다면 주위가 필요하다.

그러나 외인이나 기관이 주도하는 5일선 매매의 종목은 20일선을 훼손하지 않고 잘 지지하면 추가 상승이 나오는 경우도 있다. 다우데이타의 차트를 보면 쉽게 이해가 될 것이다.

다우 데이터와 달리 완전한 세력주인 코난테크놀러지의 차트를 보면, 상승 폭도 빠르고 상승 각도도 높기 때문에 5일선이 살아 있다. 상한가를 보냈다 하더라도, 추가 상승도 가능하겠지만 갭 하락 가능성도 있다는 것을 알고 있어야 한다.

다우데이타 차트

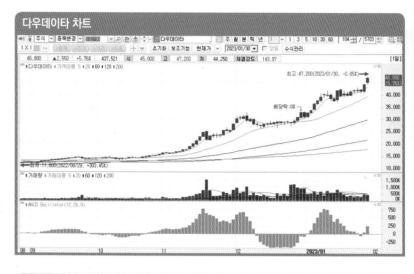

코난테크놀러지 차트

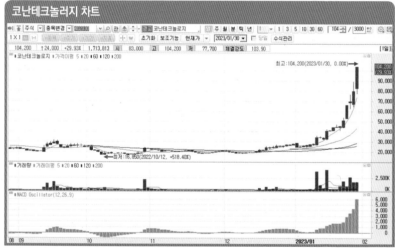

Chapter 24

세력주는 오래 참아야
고개를 내민다

주가를 단기적 상승을 만들기 위해서는 앞에서 말한 것처럼 '매집의 형태'를 보여줘야 한다. 보통 매집할 때는 '재료'와 '거래량'과 '거래대금' 그리고 기술적 차트인 긴 '장대 양봉'을 갖추고 얼굴을 내민다. 그런 경우 모든 기술적 흐름이 맞아떨어진다. 그 때문에 주가가 바닥을 기고 있다가 고개를 들면 바로 상승한다고 생각하고 매수를 한다. 하지만 완벽한 매집 조건이 갖춰져도 바로 가지 못하고 한 번 더 흘러내려 매집봉을 만드는 경우가 있다.

이럴 때는 세력들이 속임수를 써 한 번 더 흔드는 과정이다. 그러면 몰빵한 개미들은 난감한 상황을 맞이하게 된다. 10% 상승시킬 때 따라

잡아서 마이너스 고점 대비 20% 하락시키면 과연 물량을 많이 잡은 개미들이 얼마나 견뎌낼 수 있을까? 하지만 추가 매수할 금액이 있다면 큰 문제가 되지 않는다. 어차피 수급이 형성되었기 때문이다. 세력의 목적은 '주가를 띄울 의지로 만든 형태이기에 51%의 높은 확률'을 가지고 있다. 단기간에 주가를 띄우는 형태는 길어야 한두 달에는 재료를 내면서 주가를 올려놓는다. 이수페타시스의 흐름과 재료를 살펴보면 좀 더 이해하기가 쉬울 것 같다.

〈프라임경제〉의 '[株式장보고] 1월 30일 국내 증시 이슈와 강세 종목'이라는 기사 내용이다(박기훈 기자, 2023년 1월 30일).

이수페타시스는 챗GPT 사용량 증가가 촉발하고 있는 AI 기반 클라우드 수요 확대로 인한 수혜가 전망되고 있다고 전했다.

또한, 백길현 유안타증권 연구원의 말을 인용해서 "챗GPT 모델의 훈련·실행을 위해선 대규모 데이터 저장 장치가 필요하며, 향후 시장 확대로 인한 여타 글로벌 클라우드 공급자의 투자 또한 증가할 개연성이 높다"라고 했다. 이어서 "연산 속도·능력 향상은 GPU 수요 증가를 수반할 것으로, 이에 따라 이수페타시스의 주력 고객사인 NV사향 수주도 큰 폭으로 증가할 것"이라고 언급했다는 보도를 했다.

이런 재료로 만들어진 차트를 살펴보자. 이수페타시스의 차트를 보면 2022년 11월부터 긴 장대 양봉으로 매집 형태를 보여줬다. 2022년

12월에는 고점 대비 20% 하락을 하고 재료를 내면서 2023년 1월 급등시키는 모습을 보였다.

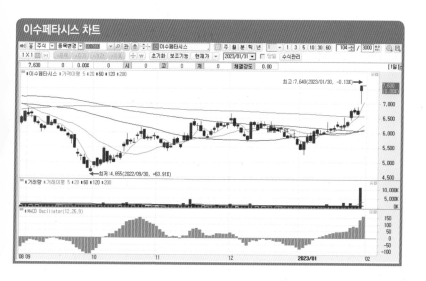

비슷한 형태의 컴퍼니케이도 역시 시간 외 급증시키고 재료를 낸 후 차트를 만든 흔적을 좀 더 쉽게 볼 수 있다.

〈머니투데이〉, '피노바이오, 기술특례상장 기술성평가 통과…연내 코스닥 상장 추진'이라는 기사(김건우 기자, 2023년 1월 30일)를 살펴보자.

피노바이오가 코스닥 기술특례상장을 위한 기술성평가를 통과했다고 30일 밝혔고, 이 소식에 투자 사실이 부각되었다는 것이 기사의 주요 내용이다.

기술특례상장을 위해서는 한국거래소가 지정하는 두 곳의 전문평가

기관 기술성평가에서 A와 BBB등급 이상을 받아야 하는데, 피노바이오는 SCI평가정보와 이크레더블로부터 각각 A와 BBB 등급을 받은 것으로 알려졌다고 전했다. 상반기 코스닥 상장예비심사를 청구할 계획이고, 상장 주관사는 NH투자증권과 KB증권으로 전해진다고 보도했다. 이 같은 소식에 피노바이오의 주요 투자자인 미래에셋벤처투자와 컴퍼니케이, 스톤브릿지벤처스가 시장에서 부각된다는 것이다. 컴퍼니케이의 차트를 살펴보자.

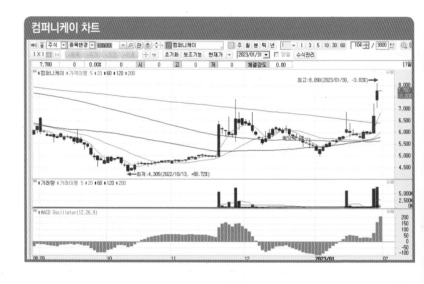

컴퍼니케이 차트의 화살표 방향을 보면, 첫 번째 2022년 11월 29.99% 거의 상한가 매집 이후 2달 가까이 고점 대비 30%를 밀고 힘겹게 급등시킨 모습을 볼 수 있다. 이런 차트는 유사 흐름이 많이 진행되기 때문에 익혀두는 것이 좋겠다.

그런데 기술적 흐름에 너무 집착하고, 이런 부분을 잘 못 이해한 투자자들은 눈물을 머금고 손절할 때가 있다. 상승 후 횡보 그리고 2개월 흘러내리다가 어느 날 미친 듯이 올라가면, 멘탈이 무너져 뇌동매매하게 되는 우를 범한다. 돈은 축지법을 쓰면 안 되는 원리가 있다. 때로는 아무리 세력주라고 하더라도 그들이 지금 무대에 올라서기 전 락커룸에서 대기하고 있는 모습이라면, 엉덩이가 무거울 때 큰 수익을 만들 수 있다.

그러나 그들이 이미 무대에서 공연이 끝나고 손을 흔들고 내려올 때는, 절대 엉덩이가 무거우면 안 된다. 그때는 그들보다 먼저 "걸음아 나부터 살려라" 하고 뛰쳐나와야 한다.

투자자들이 시장에서 치명적인 실수를 범하는 습관이 있다. 아주 나쁜 매매인데, 고점 매수, 저점 매도다. 이런 부분은 몰빵해서 몇 번만 매매해도 내 계좌의 충격은 말로 표현하지 못할 정도로 고통스럽다. 주식을 한 번이라도 해봤다면 다 알고 있는 경험치이기 때문이다. 습관을 고치지 못하면 중독이 된다. 주식 시장에서 잘못된 부분에 대해서는 중독되지 않기를 바란다.

Chapter 25

백날 공부해도
세력은 못 이긴다

인간은 나약하기 때문에, 신의 존재를 믿고 의지한다. 우리가 종교를 가지는 것도 어떻게 보면 자신의 존재에 대한 불확실한 부분을 인정하기 때문은 아닐까라고 생각해본다.

주식 시장에도 신이 존재한다. '주신'이라고 부르는데 그 주신의 대상이 바로 '세력'이다. 세력은 주식 시장에서 안 되는 것이 없고, 못할 것이 없는 존재라고 보면 된다.

주식 시장에서 가장 큰 무기는 돈이다. 그런데 세력들은 그 돈이 매일 화수분처럼 생겨난다. 그리고 돈으로 안 될 때는 '여론몰이'를 할 수 있는 최대의 무기 '기사에 의한 조작'도 가능하다. 그래서 시장에서 주가는 세력의 손에 의해 죽은 주식도 살려내고, 살아 있는 멀쩡한 주식도 단 한 칼에 죽일 수도 있다.

개인 투자자들은 이런 주신의 존재에 맹신하고 있다. 왜냐하면, 그들이 뿌리는 대로 잘 따라가기 때문이다.

가령 세력의 물량이 잘 매집이 안 될 때는 온갖 수단과 방법을 동원하여 루머를 뿌린다. 개인 투자자들이 몰려 있는 종목 게시판을 틈타서 근거 없는 내용을 흘려 대기 시작한다. 상장폐지 된다느니, 대주주가 팔았다느니, 곧 유상증자한다느니, 전환사채 물량이 나온다느니 등 온갖 루머성 글들을 올려 투자자들의 심기를 건드려놓는다. 마음이 약하고 심지가 굳지 않은 투자자들은 그 불안함에 당장 다음 날 멀쩡한 주식을 헐값에 던져버린다.

반대로 세력이 주가를 많이 올려놓고 누군가에게 물량을 쏟아부어야 할 때도, 역시 개인들이 몰려 있는 종목 게시판을 가보면 완전히 '장밋빛 속삭임으로 유혹'을 한다. 세상에서 이보다 더 좋은 주식은 없을 것 같은 '환상에 빠져들게 하는' 글들로 도배를 하는 것이다.
또한, 당장 이 주식을 사지 않으면 나만 소외될 것 같은 조급함을 줘 개미들의 심리를 흔든다. 거기다 그 주식을 고점에 매수해서 보유하는 몇 안 되는 개미들까지 가세해서 '북 치고, 장구 치고' 난리가 난다.

　귀가 얇은 개미들은 이런 유혹하는 글을 보면서 당장 부자가 된 것처럼 흥분한다. 이처럼 사람이 '흥분'을 하면 내가 무슨 행동을 했는지도 잊어버린다. 당장 다음 날 그 주가의 위치가 어디에 있는지도 확인하지도 않고, 평소보다 더 일찍 일어나서 예약 주문을 걸어두는 우를 범하게 된다. 그렇게 아침 시초가에 매수된 가격이 주식 시장에서 평생 오지 않을 고점에 사서 벼랑 끝에서 고통을 받게 된다.

　세력 종목을 매매할 때 구체적인 전략을 세우지 않으면 필패한다. 상대의 전술을 모르는데 백날 분석해봐야 아무 소용이 없다는 것이다. 하루에도 몇 번씩 바꾸는 그들의 전략을 알아야 한다. 누구나 다 알고 있는 비법을 적용한들 무슨 소용이 있겠는가 말이다. 초보자일수록 너무 많은 종목에 잡다한 분석을 한다. 그런 분석보다도 시장에서 움직이는 '오전 9시부터 오후 3시 30분' 그리고 '오후 4시부터 오후 6시'까지, 다음 '시간 외 거래'까지를 누가 더 많이 보고, 그 '경우의 수'를 찾느냐에 달렸다. 거기에 세력을 따라잡는 빠른 길이 있다고 말할 수 있다.

　세력주들은 타이밍을 중요하게 여긴다. 아침 시초가에 기본 20% 당기거나, 2시 30분 이후 급등시키는 예들이 많다. 다음 분봉 차트를 보면 좀 더 쉽게 이해할 수 있다.

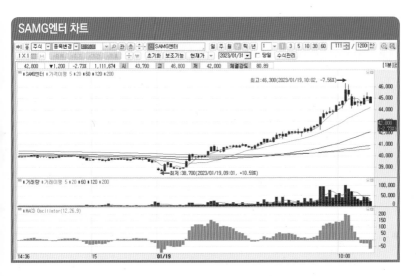

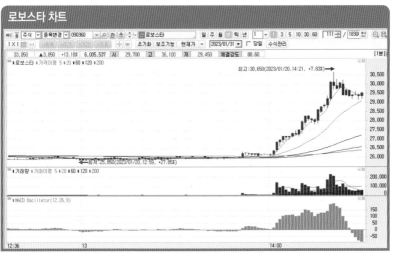

Chapter 26

이현령비현령,
주식 시장의 법적 효력은
어디까지인가?

세상을 살아가다 보면 정말로 어처구니없는 일들을 당하게 되는 경우가 있다. 분명 그것은 잘못된 행위임에도 때로는 억울한 해석 방법에 따라 결과물이 다르게 도출된다. 누구나 한 번쯤은 경험해봤으리라 본다. 그것이 바로 이현령비현령(耳懸鈴鼻懸鈴)이다.

주식 시장에서 이처럼 '귀에 걸면 귀고리 코에 걸면 코걸이'인 상황이 종종 발생한다. 세력은 주식 시장에서 테마에 목숨을 건다고 해도 과언은 아니다. 왜냐하면 테마가 곧 그들의 '수익의 파이'를 결정하기 때문이다. 매일 만들어지고, 이미 있는 테마를 살짝 포장해서 나오는 경우가 대부분이다. 주식 시장에서 강한 테마들이 즐비할 때는 그 테마

에 들어가야만 빛을 본다. 그래서 어떻게 하든 그 테마에 합류하려는
의지를 보인다.

가령 2023년은 1월부터 AI 인공지능, 챗봇, 로봇 관련주들이 주식
시장을 지배하고 있다. 구글, 중국 바이두, 러시아 얀덱스, 마이크로소
프트 등 세계적인 테크 기업들이 '쩐의 전쟁'에 뛰어들다 보니 덩달아
우리 시장도 세력에 의해 들썩이기 시작했다.

그러다 보니 주가를 움직이는 종목들은 너도나도 그 테마에 끼어들
려고 했다. 참고로 AI 인공지능 관련주로는 플래티어, 오브젠, 솔트룩
스, 씨이랩이다. 역시 주식 시장의 주가를 상승시키는 힘은 재료임이
틀림이 없다.

한컴위드는 얼마 전 북한이 우리 쪽으로 무인기를 날려 보냈을 때 드
론 관련주로 얼굴을 내밀었다. 코콤을 대장으로 제이씨현시스템의 수
급이 움직였고, 뒤늦게 드론 관련주로 상승했다. 그러더니 이번에는 AI
인공지능 관련한 재료를 부각시켰다.

〈서울경제〉 기사이며, '한컴위드, 한국판 MS 되나? AI챗봇 오피스톡
챗GPT…오픈AI 공동설립 페이팔 피터틸도 투자'라는 제목으로 보도
되었다(김동호 기자, 2023년 1월 27일).

한컴위드가 오픈 AI의 대주주가 투자한 회사로 거론되면서, 한컴그

룹의 AI 챗봇 오피스톡이 부각되었다고 전했다. 또한, 최근 시장에서 핫한 테마로 거론되고 있는 챗GPT 수혜주로 떠오르고 있다고 보도했다.

오픈 AI는 실리콘밸리 유명인사들이 8년 전 인류에게 도움이 될 '디지털 지능' 개발을 목표로 설립한 비영리 회사로, 오픈 AI의 대주주 격인 페이팔 창업자 피터 틸(Peter Thiel)은 크레센도라는 사모펀드를 결성하고, 한컴그룹의 지주사격인 한컴위드에 투자한 것으로 알려졌다.

한컴그룹은 주력 제품인 한컴오피스도 신기술을 적용해 진화했다. 여기에 AI 챗봇인 '오피스톡'도 장착하면서 사용자가 채팅창에 '맞춤법 검사' 등 요구 사항을 입력하면 실행 링크를 곧바로 제공하는 기능을 첨부한 것으로 알려졌다. 또한, AI 사업도 확대하고 있으며, AI 콜센터 기술을 금융·의료·공공·교육 분야 등으로 확대 공급할 계획인 것으로 전해졌다. 이 같은 소식에 한컴위드, 한글과컴퓨터, 한컴라이프케어 등 한컴그룹 주가 시장에서 부각된 것이다. 한편, 크레센도가 한국앤컴퍼니(한국타이어)와 설립한 합작사 모네홀딩스를 주요주주로 보유하고 있는 모델솔루션도 상승세를 기록했다.

한컴위드의 일봉 차트를 보면 드론 관련주로 상한가를 만들고, 다시 추가 상승을 하는 모멘텀을 AI 인공지능 재료로 드론, 우주 분야의 성장 가능성이 주목을 받았다.

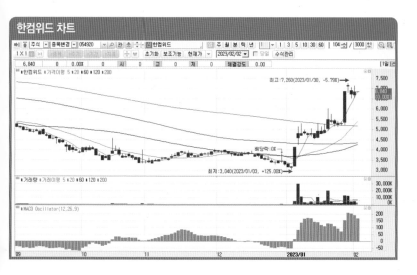

푸른기술이라는 기업은 유라시아 철도 관련 종목이다. 대북 관련주로 움직임을 보여줬고 이번에는 로봇 관련주로 떠올랐다. 역시 재료가 상승을 만들었다.

〈머니S〉의 '[특징주] 푸른기술, 현대차 로봇 상용화 기대감 엑스블 의료용 승인… 현대위아 협동로봇 납품 부각'이라는 기사를 살펴보자 (이지운 기자, 2023년 2월 1일).

현대차가 환자용 웨어러블 로봇 '엑스블'에 대한 식품의약품안전처 인증을 획득했다는 소식에 푸른기술의 주가가 강세라며, 1일 오전 10시 8분 기준으로 푸른기술이 전 거래일 대비 720원(9.29%) 오른 8,470원에 거래되고 있다고 전했다.

엑스블은 환자, 장애인의 하지 근육 재건, 관절 운동 회복 등 재활·훈련을 목적으로 환자가 착용하고 보행할 수 있는 전동 장치다. 미국과 중국, 유럽연합(EU), 영국, 일본 등 주요 국가에도 상표를 등록했으며, 이에 엑스블이 앞서 공개된 웨어러블 로봇 '벡스'(VEX), '첵스'(CEX), '멕스'(MEX)의 통합 브랜드가 될 것이라는 전망도 있었다. 현대차 그룹 관계자가 "제품 양산에는 시간이 필요한 기술"이라며 상용화 시기에 대해서는 명확히 밝히지 않았지만, 이 같은 소식에 현대위아를 대상으로 협동로봇 '심포니15'를 납품하고 있는 동사가 시장에서 부각되었다.

푸른기술의 일봉차트를 보자. 푸른기술은 직접 로봇을 만들지 않지만, 로봇 관련 기업에 부품을 납품하고 있다는 이유로 상한가를 만드는 '세력의 묘기'는 참으로 대단하다.

이렇게 시장에서는 남이야 어떻게 하든 관여하지 말고, 세력이 의도하는 대로 잘 따라가면 상한가의 행운을 얻을 수 있다. 매매하면서 되고, 안 되고를 논하지 말자. 그 과정에 대해서도 평가하지 말자. 경험을 쌓아서 자신의 노하우로 만들면 단순한 논리가 명확해진다.

주식은 너무 복잡하게 생각하면 수익 내기가 어렵다. 추리 게임처럼 어려운 문제를 풀어나가는 형식으로 투자를 하면 필패하고 만다. 그러므로 시장 흐름에 순응하는 것이 빨리 수익을 만들어내는 지름길이라는 것을 말하고 싶다.

혹자는 이 책을 읽으면서 고개를 갸우뚱할 수 있을 것이다. 자신이 그동안 쌓아온 분석에 대해서 한 번쯤 고민해보는 계기가 될 수도 있을 것이다. 여기서 내가 말하고 싶은 것은 빨리 수익을 만드는 방법을 우선하는 것이기 때문에 '가치 투자'의 방법과는 차이가 있을 수 있다.

가치 투자가 나쁜 것은 절대 아니다. 워런 버핏은 가치 투자의 아버지다. 버핏은 10년을 가지고 있지 않으려면 주식을 사지 말라고 강조한다. 가치 투자는 자금과 시간을 상당히 오랜 시간 투자를 해야 한다. 지금 자신의 계좌의 현금 상황을 보고 버핏만큼의 자산이 있다면 적극적으로 가치 투자를 권하고 싶다.

그러나 한정된 자금과 여유롭지 않은 자금을 통해서 매달 창출해야 하는 수익인 생계형 주식을 해야 한다면, 지금 내가 말하는 방법을 연구해 보는 것이 시장에서 살아나는 한 방법이라고 말하고 싶다.

Chapter 27

재료가 붙은 종목의
눌림목은 어디까지인가?

눌림목은 주가가 추가 상승이 가능할 때 잠시 쉬어 가는 길목에서 매수하는 전략이다. 그런데 눌림목이라고 매수했는데 그 자리가 확실한 눌림목인지, 아닌지가 중요하다.

확실하게 알 수 있는 눌림목 자리는 상한가를 만든 종목인데 상한가를 만들고 잠시 쉬는 자리에서 매수하면 수익 구조가 발생했다. 하지만 요즘 눌림목의 패턴은 조금씩 바뀌고 있다.

투자자들이 상한가 눌림목에 대해서 너무나 잘 알기 때문에 사실 상한가 눌림목을 잡았다가 낭패를 보는 경우가 허다하다. 다음 금호건설의 차트를 보면 쉽게 이해가 될 것이다.

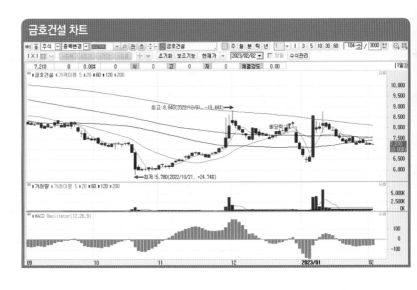

　‘두바이 ‘1경 원 규모’ D33 프로젝트 추진 소식 속 관련주로 부각되며 급등’이라는 내용의 재료를 살펴보자.

　▷ 외신에 따르면, 셰이크 모하메드 빈 라시드알 막툼두바이 군주 겸 UAE 총리가 지난 4일(현지시간) 자신의 트위터에 "오늘 두바이 경제 어젠다 'D33'을 추인했다"며, "향후 10년 동안 두바이 경제 규모를 두 배로 키우고 세계 3대 도시로 자리매김하는 게 목표"라고 밝힌 것으로 전해짐. 총 100개 프로젝트로 이뤄진 D33 규모는 32조 디르함(1경 1,075조 원)에 이르며, 공개한 일부 프로젝트를 보면 지속 가능한 친환경 제조업 육성, 신산업분야 글로벌 유니콘 30개 육성 등 미래 먹거리 확보에 초점이 맞춰진 것으로 전해짐.

▷ 이 같은 소식 속 두바이 관련 다수의 수주 이력을 보유하고 있는 희림 및 두바이 국제공항 여객터미널 마감공사 수주 이력을 보유한 금호건설이 시장에서 부각. [종목] : 희림, 금호건설

그런데 그날 주식 시장이 끝나고 나서 1경이라는 프로젝트가 당장이 아닌 10년 동안 앞으로의 계획이라는 번복 기사가 나오면서 시간 외 하락을 맞았다. 결국, 뉴스가 얼마나 큰 재료인가에 따라서 상한가 눌림목이 강하냐 그렇지않느냐가 결정되는 부분이다.

지금 바뀌고 있는 눌림목 형태는 기술적 흐름의 정배열과 긴 장대 양봉, 그리고 거래대금이 시장에 맞는 강한 테마다. 이런 삼박자가 잘 갖춰지면, 긴 장대 양봉에 그날 급등 시 상한가를 가지 않았다 하더라도, 5일선 기준에 맞게 눌림목을 찾으면, 주가의 방향성이 추세가 되고 추가적인 상승이 진행된다.

"주식은 패션"이라는 말을 많이 하는데, 주식 시장에서의 기본 원리가 바뀌는 것은 투자자들이 세력들이 하는 수법을 빨리 알아차리기 때문이다. 세력도 인간인지라 인간의 두뇌에서 나오는 경우의 수는 한계가 있기 마련이다. 특히 일봉보다는 일분봉을 가지고 장난을 많이 치는데 하락장에서는 1분 만에 20호가를 내리꽂는 망나니 같은 짓을 할 때도 있다.

다음 로보스타의 차트를 보면 긴 장대 양봉 후 눌림을 주고 추가 상 승하는 모습을 볼 수 있다. 삼박자가 맞아 떨어진 종목이다.

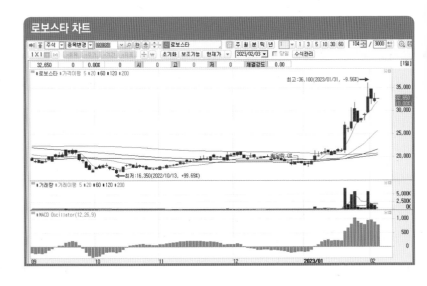

Chapter 28

일분봉 지지라인에
속지 않기

하루에 수익 구조를 만드는 방법을 데이 트레이딩이라고 한다. 데이 트레이딩은 중 장기 매매보다 훨씬 어렵다. 데이 트레이딩은 그날의 매수 자리를 정확히 봐야 하고, 매도 자리도 정확해야 한다. 그리고 일봉의 자리가 무엇보다 중요하다. 그날의 재료도 중요한데 일봉과 재료는 서로 상호 보완적 관계가 있다.

재료가 좋으면 일봉 자리는 자연스럽게 누가 봐도 멋진 모양이고, 일봉이 잘 만들어져 있으면 귀신같이 재료가 튀어나온다. 축구의 규칙을 야구 규칙에 맞추면 맞지 않지만, 축구 규칙은 축구 규칙에 야구 규칙은 야구 규칙에 맞추는 원리로 봐야 한다.

단기 매매를 할 때나 중장기 매매나 모두 그날 매수와 매도의 자리를 보고해야 한다. 일분봉의 파동을 보고해야 하므로 일분봉을 잘 이해해야 한다.

일분봉의 매수자리는 일봉의 어떤 위치인가에 따라 달라지지만, 일분봉의 이평선 200일분봉 하단부에서 매수가 바람직하다.

이평선 200일분봉 하단부에서도, 하단부에서 지지하다가 추가 하락을 하는 경우가 있다. 3단 하락이 진행되는 경우다. 일봉의 위치가 갭을 뜬 상태에서 음봉이면 이때는 매수 타이밍을 늦추는 것이 좋다.

그러나 재료를 띄우고 일봉이 긴 장대 양봉이면서 일분봉에서 20% 이상 지지라인을 보여주는 종목들은 빨리 상한가를 가지 않으면, 오후장에서 이평선 200일분봉을 깨고 급락도 나올 수 있다.

2023년 1월 클리노믹스는 특징주라는 타이틀로 오전 11시 재료를 내주고 오후 3시 오후 4시 반복된 기사들을 냈다.

오전 11시 나온 기사에는 클리노믹스가 차세대 암 탐지 자동화기기 'CD-PRIME'를 개발했다는 소식에 급등 중이라면서, 오전 11시 30분 현재 코스닥 시장에서 전 거래일보다 1,740원(22.63%) 오른 9,430원에 거래 중이라고 썼다. 클리노믹스 주가가 오른 것은 CD-PRIME이 암세포와 암 DNA를 동시에 찾아낼 수 있다는 점에서 높은 판매량이 기대되기 때문으로 풀이된다고도 덧붙였다.

오후 3시에 똑같은 내용의 기사가 또 나왔다. 클리노믹스가 강세이며, 암 환자의 혈액 속에 떠돌아다니는 암 DNA와 암세포를 자동으로 분리해주는 액체 생체검사 자동화 기기를 발표했다는 소식이 오름세를 이끈 것으로 보인다고 해설했다.

오후 4시에 또 기사가 나왔다. "클리노믹스는 암 환자의 혈액 속에서 떠돌아다니는 암 물질을 자동으로 분리해주는 기기인 'CD-PRIME'(사진)의 특성과 활용법을 'JoVE'에 발표했다고 2일 밝혔다"라는 문장으로 시작했으며, 내용 구성은 동일했다.

이렇게 반복적 기사를 하루에 여러 번 낼 때, 그 내용이 암 관련해서 상용화되면 대박이 될 수 있다. 그런데 상한가를 가고 지지라인에서 오후 장에 급락하는 모습을 보여주었다.

일봉과 일분봉 차트를 살펴보자.

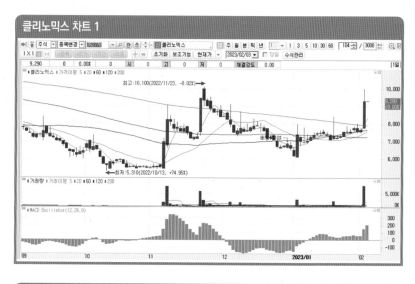

클리노믹스 차트 1

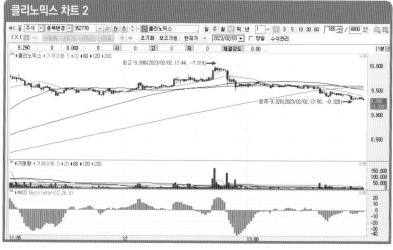

클리노믹스 차트 2

　클리노믹스의 일분봉 차트를 보면 이평선 200일분봉을 깨고 내려오
는 시간대가 오후 1시 30분이다. 결국, 오전 장에 재료와 함께 주가를
띄운 상태에서 늦어도 오후 1시까지 상한가 문을 닫지 못하고 지지라

인을 벗어나게 되면 흘러내리게 된다는 것을 알고 있어야 한다.

그러나 이평선 200일분봉을 깨고 내려가도 이평선 200일분봉의 이격을 벌이지 않은 상태에서는 다시 상한가를 가는 예도 있으나, 오전 장 재료에 오전 장에 상한가를 가지 않고 지지라인이 길어질 때는 오후 장은 조심해야 한다.

하지만, 거래대금이 많이 터지고 재료가 긍정적일 때는 다음 날까지 그 전날의 고점까지 가고자 하는 의지도 있으므로, 잘 살펴보고 급락 시 종가 매수를 해서 다음 날 노려보는 전략도 나쁘지 않은 경우가 있다.

일분봉은 여러 가지 형태로 변화되고 만들어진다. 수급이 들어오는 일분봉의 형태는 유사한 경우가 많다. 오전에 재료를 내느냐, 오후 장에 재료를 내느냐에 따라서 달라진다. 재료가 나온다고 모두 상한가를 가는 것은 아니지만, 재료가 없는 종목보다 며칠을 지켜보면서 호가창을 통해 그들의 전략을 읽을 수 있다면 충분한 수익 구조도 만들 수 있다.

주식 시장에서 재료는 기술적 흐름이나 거래대금보다 우선한다. 재료가 만들어진 일본 봉의 형태를 익히는 연습을 하는 것이 좋다.

재료가 나왔을 때는 일분봉에서 지지라인은 짧을수록 좋다. 파동이 나온 후 긴 지지라인을 형성해서 이동평균선 5일분봉을 깨고 내려가면 일단 경계를 해야 한다. 재료가 나온 시간대에 일분봉 파동을 만드는 과정에서는 이동평균선 20일분봉 또는 이동평균선 60일분봉까지 훼손시키는 예도 있다. 그 시간이 오후 장일 때는 상승 여력이 약하지만, 오전 장이 시작일 때는 겁먹을 필요는 없다.

매일 단기 매매하는 투자자는 오전 장과 오후 장에 대한 시간을 철저히 확인할 필요가 있다. 요즘 같은 장에서는 오후 장 3시 15분까지도 긴장의 끈을 놓으면 안 된다. 오후 장 3시 20분쯤 어떤 수작을 부릴지 모르기에 항상 오후 장 1시 30분부터 오후 장 2시 30분 사이는 종목마다 차이는 있으나 많이 흔드는 시간이다.

이 시간대는 이동평균선 200일분봉 하단부에 있던 종목이 위 방향으로 치고 올라오면 파동이 급하게 만들어진다. 반대로 오전 장 내내 지지라인을 잘 형성하고 있다가 추가적인 파동이 나오지 않을 때는 급락을 할 수 있는 시간대이기도 하다. 그러므로 그날 재료와 파동 지지라인이 어떻게 움직이고 있는지를 살펴야 한다.

대부분 주식을 처음 하는 투자자들은 주가가 지지하는 라인을 보고 매수 버튼을 누른다. 그 지지라인도 재료를 띄우고 만들어진 성형 지지라인이냐 아니면 자연스럽게 만들어지는 지지라인이냐에 따라서 매매 방법이 다르다는 것을 미리 알고 있어야 손실을 안 보게 된다.

어느 분야에서든 성공의 여부는 절박함에 있는데, 주식 시장에서 그 절박함은 분초를 다툰다. 이 피 말리는 전쟁터에서 수익의 달콤함을 맛 보려면 매일 꾸준하게 공부를 하는 수밖에 없다. 전략과 전술을 짜지 않고 매수와 매도 버튼을 순간의 감정으로 누르면 계좌는 낙동강 오리 알이 된다. 그러니 매수는 거북이처럼 느긋하게 하고, 매도는 토끼처럼 빠르게 해서 수익을 극대화하자.

Chapter 29

현명한 투자 방법은
계좌 관리에 있다

　내가 전문가 방송을 하면서 1억 원을 투자해서 94종목을 보유한 투자자를 봤다.

　'계란을 한 바구니에 담지 마라'라는 증시 격언을 너무 잘 따라 한 것 같지만, 분산 투자도 자금과 종목 수의 비중을 잘 고려해야 한다.

　투자자들이 진정한 분산 투자를 하는 경우도 있다. 하지만 수익이 나지 않는 어쩔 수 없는 상황에서 매도하지 못하고 강제 보유를 하는 경우가 많은 것 같다. 그리고 다음 날 또 다른 종목이 움직이다 보니 종목을 매수하고 다시 매도할 수 없게 되어 이른바 물리게 된다. 이런 즉흥적인 매매를 하다 보면 매일 종목 수가 늘어나는 경우가 허다하다.

종목이 물린다는 것은 자신의 단기 매매의 실력을 조금 의심해 볼 필요가 있다. 단기 투자자는 여러 가지의 원칙을 알고 있어야 하는데, 그 원칙을 지키지 못해 비자발적 장기 투자자가 되어 고통의 시간 속에서 헤매게 된다.

예를 들어 투자 금액이 1억 원이 있다고 하자. 그 1억 원을 기준으로 볼 때 보유 종목은 3종목 정도가 바람직하고 현금으로 50% 보유하는 것이 중요하다. 현금 보유 50%는 보유 종목의 상황을 보는 보험으로 들고 있어야 한다. 주식을 오래 한 투자자들은 왜 현금을 들고 있으면 주식 시장에서 유리한지를 알게 된다.

주식은 급등하고 파동이 모두 진행된 상황이 아니라면 대부분 수급이 존재한다. 수급을 이용해 첫 매수가 다소 높게 책정되었다 하더라도, 기술적 흐름을 보고 추가 매수를 하면 수익구조를 만들 수 있는 것이 바로 현금이다.

주가는 자기의 자리로 돌아가려고 하는 회귀 본능의 원리가 있다. 세력도 외인도 기관도 늘 저점 매수만 하지 못한다. 주식 시장은 생물이라 돌발상황이 발생할 때가 많다. 주가를 띄우기 위해 작전을 세우다가도 시장의 환경이 바뀌면 세력들도 주가가 빠지도록 그대로 둔다. 주가가 어느 정도 밀려서 빠지면 그 자리에서 2배수 이상 추가 매수를 해서

단을 맞춘다. 그런 후에는 반드시 재료가 나오는데 크게 호재 뉴스가 아닌 데도 주가는 띄우는 그들의 의지를 엔피를 통해 알 수 있다.

'엔피, 작년 연간 연결 영업손실 10억 적자전환 3일 전자공시'에 따르면, 엔피는 지난해 연간 연결기준 잠정 영업이익이 −10억 1,245만 원으로 전년 동기 9억 565만 원에서 적자로 전환했다. 같은 기간 매출액은 397억 8,373만 원으로 전년 동기 248억 7,177만 원 대비 59.9% 증가했다. 당기순이익은 −15억 1,276만 원으로 전년 동기 −108억 1,302만 원에 이어 적자를 지속했다.

같은 날 앞의 공시를 내고 다시 또 테마 메타버스 재료를 보낸다. '삼성전자, 퀄컴·구글과 XR 협업 기대감 지속 및 메타, 메타버스 사업 지속 추진 소식 등에 메타버스(Metaverse) 테마 상승 속 급등'이라는 헤드라인으로 뉴스가 올라왔다.

엔피의 차트를 보자.

엔피 차트

빨간색 화살표 자리는 거래량이 분출했다. 메타버스 관련 뉴스들이 나왔기 때문에 주가가 1만 원의 자리에서 매수를 하게 되고, 그 자리에서 띄울 수 있는 상황이었다.

그러나 주가는 파란색 화살표까지 밀린다. 코로나19 이후 많이 풀린 돈으로 인해 인플레이션 현상이 가속화되었기 때문이다. 따라서 미국에서의 금리 인상이 '베이비 스텝'에서 '자이언트 스텝'으로 이어졌고 시장의 폭락을 가져왔다. 주식이 무너질 때는 세력도 어쩔 수 없이 시장에 순응하며 기회가 올 때까지 기다린다.

모든 사이클이 그러하듯이 경제 사이클도 한없이 빠지고 한없이 올라가는 경우는 없다. 결국에는 금리 인상의 폭이 줄어들면서 시장은 다시 상승 흐름으로 방향을 선회했다. 엔피는 그동안 만 원에서 4,000원까지 밀렸지만, 평단가를 맞추었다면 대략 6,000원에서 7,000원이 된다고 본다.

그러고는 8,000원을 훌쩍 넘었고 앞으로도 추세는 이평선 200일선을 올라섰기 때문에 주가가 내려오기보다는 추가 상승이 가능한 모습이다. 물론 1만 원 선이 저항이다. 하지만, 수급이 들어온 종목은 시간이 필요했지만 단가를 잘 맞추었다면 처음 손실에 대한 두려움보다 수익이 되었을 때는 기쁨으로 돌아서게 된다.

1년간 하염없이 내리는 주식에 어떻게 단가를 맞춘단 말인가. 성질이 급한 개미들은 활화산처럼 타오를 때 앤피를 사서 세력이 자취를 감출 때 큰 손실을 보고 빠져나왔을 것이다. 그러나 선수라면 1년 동안 인내하며 넝마 주식의 차트를 즐겼을 것이다. 다시 재료가 나와서 달콤한 수익을 먹을 때까지.

Chapter 30

레버리지도 보약이
될 때가 있다

레버리지는 '지렛대'라는 의미로 금융계에서는 차입을 뜻한다. 빚을 지렛대로 투자 수익률을 극대화하는 레버리지는 경기가 호황일 때 효과적인 투자법이다. 이는 상대적으로 낮은 비용(금리)으로 자금을 끌어와 수익성 높은 곳에 투자하면 조달 비용을 갚고도 수익을 남길 수 있기 때문이다.

주식 시장에서 레버리지는 '신용과 미수'를 말한다. 이 신용과 미수를 개인만 사용한다고 생각하면 큰 오산이다. 세력도 쓸 수가 있다는 것이다. 외인이나 기관은 화수분 같은 계좌를 운용하지만, 파이가 작은 세력이나 한정된 자금을 운용하는 개인 투자자들은 이 부분을 어떻게 잘 활용하는가에 따라서 승패가 갈릴 수도 있다.

전설적인 주식 시장의 인물인 제시 리버모어도 하루에 1조 원의 수익을 만들었을 때 분명 레버리지를 이용했다고 본다. 리버모어의 결말이 해피엔딩이 아니어서 레버리지를 사용한 것이 바람직하다고 말하기는 차이가 있을 수 있으나 잘 활용하면 좋은 결과도 얻을 수가 있다.

증권사에서 주는 신용은 가지고 있는 주식을 담보로 레버리지가 가능하고 미수는 현금에 대해서 3일 안에 결제해야 한다. 신용이나 미수 부분도 활용할 줄 아는 기술이 있어야 하지만, 무턱대고 하다 가는 특히나 하락장에서는 깡통 계좌가 될 수도 있다.

신용과 미수는 잠깐 사용을 하는 것이 좋다. 예를 들어 그날 수급이 들어온 종목이 거래대금이 터지고 빵빵한 재료 가치가 있을 때 일분봉 상의 타이밍을 노려보는 전략을 세운다. 오브젠의 일분봉 차트를 살펴보도록 하자.

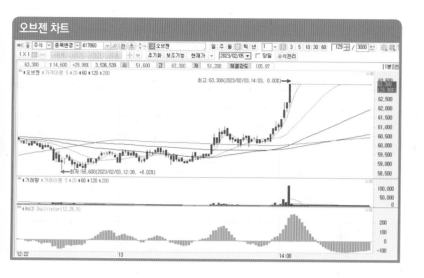

오브젠은 2023년 1월 인공지능테마 후속 대장주로 나오면서 그날 거래대금이 2,000억 원을 웃돌았다. 거래량도 상장된 주식 수가 388만 주에 비해, 350만 주 거래량이 터졌다는 것은 엄청난 힘을 발휘할 수 있는 원동력이 되었다. 무엇보다도 일분봉의 타이밍을 잘 맞추고 파동 길이도 아름답게 만들어주었다.

오후 1시 56분에 시작해서 단 8분 만에 주가를 6만 원에서 63,300 원까지 올리면서 당당히 상한가를 만들었다. 여기서 화살표 지점인 1시 56분 시작된 첫 일분봉상 양봉에서 치고 들어가면서 레버리지를 이용한다면 단 8분 만에 주당 3,000원이 정도의 수익을 만들 수 있다.

예를 들어 1,000만 원밖에 없는 투자금이었으나 레버리지를 이용해서 2,000만 원을 투자했다면 단 8분 만에 100만 원 정도의 수익을 잡게 된다. 레버리지는 이렇게 짧게 사용하게 된다면 전혀 무리수가 없고, 오히려 투자 금액이 한정된 투자자는 이런 부분을 활용하는 것도 나빠 보이지 않는다. 상한가라도 미련을 버리고 무조건 챙기는 전략을 잊어서는 안 된다. 레버리지는 아무리 장밋빛 상황이라 하더라도 반드시 그날 정리를 해야 한다는 것을 명심해야 한다.

'일부 지능형 로봇/인공지능(AI) 테마 상승, 네이버 상반기 '서치GPT' 출시 예고 소식 속 네어버 클라우드가 동사 2대 주주인 점이 부각되며 상한가'

이런 재료가 나오고 다시 추가 공시를 보자.

'[투자 주의] 투자 경고 종목 지정예고'

다음 날 약간 주가의 발목을 잡을 수 있다. 일단 이익 실현 후 다음 날 하락 시 다시 노려보는 전략을 세우면 일거양득이 될 수 있는 상황도 나온다. 투자 경고 종목이라고 모두 하락하는 것은 아니지만 레버리지를 사용했기 때문에 돌다리도 두들겨가면서 매매에 임하는 것이 좋다.

주식 시장은 항상 변동성이 존재한다. 그 때문에 무조건 수익이 발생했을 때는 챙긴다는 전략을 머릿속에 중독이 되도록 박아두어야 한다. 티끌 모아 태산이 된다는 것을 누구나 다 알고 있지만, 그것을 주식 시장에서 접목하기까지는 많은 시간이 필요하다.

이렇듯 투자 경고 종목을 레버리지로 활용해 수익을 극대화하는 한 방법이 될 수 있고, 레버리지는 수익을 만드는 모든 상황이 다 비법이 될 수 있다. 하지만 방법을 실천하는 자세도 비법이라는 것을 명심, 또 명심하기를 바란다.

Chapter 31

욕심만 내려놓아도 30억 원은 이미 내 손 안에 있다

주식 투자하면서 운칠기삼(運七技三)이라는 말을 많이 들어봤을 것이다. 살아가면서 운이라는 것은 자신이 긍정적 에너지를 불러올 때 찾아온다. 누구나 대박을 터뜨리고 싶은 것을 보면 운을 바라는 것은 사실이다.

재물, 돈, 명예 이런 성공은 자신이 구한다고 해서 되는 것은 아니다. 물론 노력하면 어느 정도는 이루어질 수 있다. 그러나 누구나 선망하는 만큼의 부와 명예를 갖기에는 인간의 범위를 넘어선 초 인간적인 에너지가 필요하고 그 에너지에 따라서 생각지도 않은 운이 따라와야 한다.

돈이라는 것은 어떻게 보면 하늘이 주는 권력이다. 하늘이 주는 돈, 권력의 화폐단위는 경(億) 단위 이상을 말한다. 10억, 30억, 100억 1,000억, 1조 등…. 여기서 경(億) 자의 한자를 보면 왜 하늘이 주는지를 명확히 일 수 있다. 인(亻)은 사람의 심(心) 마음이 입(立)이 바로 섰을 때 경(億)이라는 권력을 준다는 것을 말이다.

이뿐만이 아니라 투자를 하면서 자신이 팔고 나면 올라가고, 매수를 안 하면 올라가고, 매수를 하면 내려가고 한 번쯤 경험했다면 분명 하늘이 주는 것이라는 것을 인정해야 한다.

주식 투자를 하다 보면 시련이 닥쳐와서 자신을 테스트하는 경험도 해본다. 좌절했을 때는 많이 울어도 봤을 것이고, 그런 최악의 경우에서 다시 살아나고자 발버둥도 많이 쳐봤을 것이다. 그러나 그 반복된 시련 속에서 계속 커튼을 쳐 햇빛이 안 들어온다면 분명 얻고자 하는 것을 얻지 못한다는 것까지도 깨닫게 된다.

그 깨달음 속에서 자신이 주식 투자를 하면서, 잘못된 부분이 없는지, 지나친 욕심은 아니었는지가 궁금하다. 대부분 자신이 가지고 있는 자산으로 주식을 했더라면 주식 계좌가 깡통까지는 가지는 않는다. 그러나 무분별한 신용과 미수가 자신을 망치게 하지 않았나, 하는 생각을 돌이켜봐야 한다.

주식은 파생 상품과 달리 아무리 빠져도 들고 있으면 손실을 만회하는 기회를 준다(단, 그 기다림 속에 감자, 정리 매매, 주주 대상 유상 증자는 없어야 한다). 시간 차이는 있을 수 있으나 회귀 본능이라는 것이 있어서 적어도 큰 손실이 발생해도 한 번쯤은 탈출 기회가 생긴다.

매매하면서 조급하게 생각하면 안 된다. 빨리 돈을 벌고 싶고, 빨리 손실이 난 부분을 회복시키고 싶은 마음은 투자자라면 다 같지 않을까?

우리가 지나치게 운동을 하다 보면 근육도 찢어진다. 그 근육이 회복하는 데, 72시간이 걸린다고 한다. 이처럼 모든 일에서는 회복하는 시간이 필요하다. 욕심은 시간 때문에 일어난다고 본다.

운이라는 것은 욕심을 피해 다닌다. 시장에서 욕심을 부리면 부릴수록 운은 더 멀리 달아나 버린다. 이 운을 자신의 곁으로 끌어들이기 위해서 어떻게 해야 하는데, 답은 간단하다. 마음을 비우면 된다. 마음을 비우라. 참 어려운 말이다. 그런데 이렇게 이야기하면 더 쉽게 이해할 수 있을 것 같다.

주식 시장은 총성 없는 전쟁터다. 그리고 제로섬 게임이다. 두 문장의 의미가 비슷한데, 아마 귀에 딱지가 생길 만큼 많이 들어봤을 것이다. 결국, 자신만 살아남아야 하고, 자신만이 주식 시장에서 1% 대열에

끼어들어야 한다는 말이다. 그럼 살아남아야 하니 어떤 원칙도 깨뜨려서 자신만이 분명한 수익 구조를 형성해야 한다.

주식 시장의 돈은 가슴 아픈 사연이 많다. 하루 3만 원 정도의 반찬값 벌려고, 담뱃값 벌려고 들어와 선수들의 농간에 돈을 잃고 만다. 이 피 같은 투자 금액이 얼마나 뼈가 녹는 자금인가 말이다. 자신이 수익 자금이 타인이 벼랑 끝에서 뼈를 녹이는 그런 자금이라는 것을 알고 있어야 한다.

그렇다면 그들에게 돌려주어야 하는가 말이다. 사이버상에서 그들을 찾기란 넓고 넓은 해운대 바닷가에서 잃어버린 반지 하나를 찾는 것 보다 더 어렵다.

자신이 누군지 모르는 투자금으로부터 수익을 얻었다면, 가까운 주위에 누가 어려운가를 살펴 보고 그들에게 작은 마음을 전달해보는 것은 어떨까?

가령 부모님이 어렵다면 부모님께 용돈을 드리고, 형제간에 갈라선 마음으로 지내고 있다면 수익 난 자금으로 마음도 풀어주자. 그리고 자식 간에도 응어리가 있다면 그 수익금으로 좋은 일을 하고, 남편이나 아내가 등져 있다면 그 돈으로 마음을 풀어주는 것은 어떨까 생각해본다.

더 큰 운을 바라고 싶다면 주위 이웃을 돌아보라고 말하고 싶다. 옆집이 힘들어 보인다면 현관문 앞에 과일 한 박스를 두고 초인종 한 번 눌러주고 지나가자. 한겨울에 길거리에서 장사하는 할머니의 물건도 듬뿍 팔아 주고, 손수레에 종이 박스를 잔뜩 싣고 가는 할아버지에게 살짝 지폐를 한 장 드리면서 식사나 하시라는 따뜻한 말 한마디 전해준다면 어떨까? 큰 기부가 아니라도 분명 하늘이 감동할 것이다.

중국의 어느 황제가 자신의 공치사를 늘어놓으면서 달마대사에게 물었다. 자신이 이렇게 좋은 일을 많이 했으니 분명 복이 하늘에서 뚝뚝 떨어지지 않겠느냐고 말이다. 이에 달마대사는 복은커녕 더 큰 화도 입을 수 있다고 말하자 황제는 너무 화가 나서 당장 달마대사를 잡아 오라고 했다. 그래서 달마대사가 도망간 곳이 소림사였다. 달마대사는 무주상보시(無住相布施, 집착 없이 베푸는 것)를 말하고 싶었던 것이다.

우리가 왼손이 하는 일을 오른손이 모르게 할 때 하늘도 감동할 것이다. 입으로 내뱉는 그 순간 하늘에 죄를 짓는 것이다. 꽃은 숨어 있어도 향기가 나듯이, 항상 좋은 일은 음지에서 할 때 대운이 찾아온다는 것을 알아야 한다.

재료 매매를 알면
30억이 보인다

초판 1쇄 2023년 4월 25일

지은이 이난희
펴낸이 최경선   **펴낸곳** 매경출판㈜
기획제작 ㈜두드림미디어
책임편집 이향선   **디자인** 노경녀 nkn3383@naver.com
마케팅 김성현, 한동우, 김지현

매경출판㈜
등록 2003년 4월 24일(No. 2-3759)
주소 (04557) 서울특별시 중구 충무로 2(필동 1가) 매일경제 별관 2층 매경출판㈜
홈페이지 www.mkbook.co.kr
전화 02)333-3577
이메일 dodreamedia@naver.com(원고 투고 및 출판 관련 문의)
인쇄·제본 ㈜M-print 031)8071-0961
ISBN 979-11-6484-551-4 (03320)